Fine fleur de la ligne française

Anna Gavalda

Je voudrais que quelqu'un m'attende quelque part

Анна Гавальда

Мне бы хотелось, чтоб меня кто-нибудь где-нибудь ждал

Издательский дом «Флюид»

FreeFly™
Москва, 2008

УДК 821.133.1–31
ББК 84(4Фра)–44
    Г12

*Защиту интеллектуальной собственности и прав
«Издательского дома "Флюид"» осуществляет юридическая
компания «Ведение специальных проектов»*

Перевод с французского Елены Клоковой и Нины Хотинской

Гавальда А.
Г12   Мне бы хотелось, чтоб меня кто-нибудь где-нибудь ждал: Сб. новелл / Пер. с фр. – М.: ИД «Флюид», 2008. – 160 с. – Fine fleur de la ligne française.
ISBN 978–5–98358–211–8

12 новелл, покоривших мир: эта книга уже переведена на 36 языков.

В своем первом сборнике новелл Анна Гавальда, по праву снискавшая себе славу «нежного Уэльбека» и новой звезды французской словесности, ярко и проникновенно рисует перед читателем самую обыкновенную жизнь, внешняя прозаичность которой скрывает в себе несметные сокровища потаенных желаний, страхов, грез и обид, а главное – любви в самых разных ее проявлениях. Нужно только уметь их разглядеть, и удивительное окажется рядом. И самая незатейливая на первый взгляд история с легкой руки автора может неожиданно обернуться фарсом или стать подлинной трагедией.

Полные мягкой иронии лаконичные житейские зарисовки и портреты совсем не «героических» героев завораживают читателя психологической глубиной и эмоциональной насыщенностью стиля.

Подписано в печать 22.04.2008
Формат 76 x 108/32
Усл.-печ. л. 7,6.
Доп. тираж 20000 экз.
Заказ № 0812080.

© Le Dilettante, 1999
© ООО «ИД «Флюид», 2004
© «BoomBooks», художественное оформление, 2007

Отпечатано в полном соответствии с качеством предоставленного электронного оригинал-макета в ОАО «Ярославский полиграфкомбинат»
150049, Ярославль, ул. Свободы, 97

Моей сестре Марианне

НЕКОТОРЫЕ ОСОБЕННОСТИ СЕН-ЖЕРМЕН

СЕН-ЖЕРМЕН-ДЕ-ПРЕ?.. Знаю, знаю, вы скажете: «Боже мой, как банально, милочка, Саган об этом написала задолго до тебя и горрраздо лучше!»

Знаю.

Но вы как хотите... а я не уверена, что все это могло бы случиться со мной, скажем, на бульваре Клиши. Что тут поделаешь, такова жизнь.

И оставьте ваши замечания при себе, лучше послушайте, потому что, сдается мне, эта история придется вам по вкусу.

Вы ведь обожаете такие вещи. Обожаете, когда вам щекочут сердечко, хлебом вас не корми, дай почитать про многообещающие свидания и про мужчин — разумеется, неженатых и не вполне счастливых в личной жизни.

Я знаю, что вы это обожаете. И это нормально: вы же не можете читать дешевые любовные романы за столиком в «Липп» или «Де-Маго»[1]. Конечно, не можете.

---
[1] Дорогие рестораны в фешенебельном квартале Парижа Сен-Жермен-де-Пре. — *Здесь и далее примеч. пер.*

Так вот, сегодня утром на бульваре Сен-Жермен я встретила мужчину.

Я шла вверх по бульвару, он — вниз. Мы были на четной, более фешенебельной стороне.

Я заметила его издалека. Не знаю, может, из-за походки, чуть небрежной, или потому, что полы его пальто уж очень красиво развевались... Короче, на расстоянии в двадцать метров я уже знала, что не упущу его.

Так оно и вышло: мы поравнялись, и я вижу — он на меня смотрит. Выдаю ему кокетливую улыбку типа «стрела Амура», но весьма сдержанно.

Он тоже мне улыбается.

Я иду своей дорогой и продолжаю улыбаться, на ум приходит «Прохожая» Бодлера (ну да, а только что была Саган, вы уже поняли, с литературными референциями у меня все в порядке!!!). Я замедляю шаг, потому что пытаюсь вспомнить... *«Средь уличного гула, в глубоком трауре, прекрасна и бледна»*... дальше не помню... дальше... *«Само изящество, она в толпе мелькнула»*... а в конце... *«Но я б тебя любил — мы оба это знали»*[1].

Каждый раз эти слова меня поражают.

Так вот, иду себе как ни в чем не бывало, а сама чувствую взгляд моего святого Себастьяна (это к стреле, вот так, главное последовательность, верно?!), все время чувствую его спиной. Он приятно греет лопатки, но я скорее умру, чем обернусь, не хватало еще испортить стихотворение.

Я остановилась на краю тротуара, не доходя улицы Сен-Пер, и всматриваюсь в поток машин, чтобы перебежать на другую сторону.

---
[1] Перевод В. Левика.

Поясняю: ни одна уважающая себя парижанка на бульваре Сен-Жермен не станет переходить проезжую часть по белой «зебре» на зеленый свет. Уважающая себя парижанка дождется плотного потока машин и ринется напрямик, зная, что рискует.

Смерть ради витрины бутика «Поль Ка». Восхитительно.

И вот когда я наконец кидаюсь напрямик, меня останавливает чей-то голос. Вы ждали, что я скажу «теплый и мужественный голос», чтобы доставить вам удовольствие? Нет, это был просто голос.

— Простите...

Я оборачиваюсь. О, и кого же я вижу?.. Передо мной все тот же прекрасный незнакомец. Поймался-таки.

Лучше сказать вам сразу: с этой минуты дела Бодлера плохи.

— Я хотел спросить, не согласитесь ли вы поужинать со мной сегодня...

В голове проносится: «Как романтично...», но вслух отвечаю:

— А вы не слишком торопитесь?

Он за словом в карман не лезет и говорит мне, уж поверьте, цитирую:

— Вы правы. Но, глядя, как вы удаляетесь, я сказал себе: как глупо, я встретил на улице женщину, улыбнулся ей, она улыбнулась мне, мы прошли так близко друг от друга и больше никогда не увидимся... Это ведь слишком глупо, нет, в самом деле, просто абсурд какой-то.

— ...

— А вы как думаете? По-вашему, я несу полную чушь?

— Нет-нет, что вы.
Вообще-то, мне становится чуточку не по себе...
— Ну?.. Так что вы скажете? Здесь, сегодня вечером, в девять часов, на этом же месте?

Возьми себя в руки, детка, если будешь ужинать со всеми мужчинами, которым улыбаешься, всю жизнь проторчишь в кабаках...
— Назовите мне хоть одну причину, чтобы я приняла ваше приглашение.
— Причину?.. Боже... вот задачка-то...

Я смотрю на него — ситуация начинает меня забавлять.
А потом вдруг — предупреждать надо! — он берет меня за руку.
— Кажется, я нашел более-менее приемлемую причину.
Он прикладывает мою руку к своей небритой щеке.
— Причина есть. Вот она: скажите «да», и у меня будет повод побриться... Честно говоря, я и сам думаю, что гораздо лучше выгляжу, когда выбрит.
И он возвращает мне мою руку.
— Да, — говорю я.
— Вот и славно! Перейдем вместе, прошу вас, мне бы не хотелось потерять вас теперь.
На этот раз я смотрю ему в спину, а он удаляется в другую сторону. Наверно, радостно потирает щеки и думает, что заключил недурную сделку...
Уверена, он безумно доволен собой. И он прав.

Должна признаться, к концу дня у меня немножко сдают нервы.

Вот ведь придумала на свою голову, теперь не знаю, как мне одеться. По погоде напрашивается плащ.

Немножко нервничаю, словно дебютантка, уверенная в том, что у нее ужасная прическа.

Немножко нервничаю, словно в преддверии романа.

Работаю: говорю по телефону, посылаю факсы, заканчиваю макет для иллюстратора (постойте, ну конечно же... Если эта бойкая очаровательная девушка отправляет факсы где-то на бульваре Сен-Жермен, она работает, конечно же, в издательстве[1]...).

Кончики пальцев у меня ледяные, и я не сразу понимаю, когда ко мне обращаются.

Дыши глубже, детка, дыши глубже...

Смеркается, бульвар притих, машин совсем мало.

В кафе убирают с улицы столики, люди поджидают друг друга на паперти церкви Сен-Жермен или стоят в очереди в кинотеатр «Борегар» на новый фильм Вуди Аллена...

Я, понятное дело, не могу прийти первой. Ни за что. Я даже слегка опоздаю. Долгожданная — более желанная. Пусть чуточку помучается, так будет лучше.

Пойду покамест чего-нибудь выпью для поднятия духа и сугрева крови в пальцах.

Нет, только не в «Де-Маго», здесь по вечерам всегда как-то пошло: сплошные жирные американки, жаждущие вкусить духа Симоны де Бовуар. Я отправляюсь на улицу Сен-Бенуа. «Чикито» — то что нужно.

Толкаю дверь, и сразу — запах пива и табачного дыма, звяканье игрового автомата, за стойкой важно восседает

---

[1] В квартале Сен-Жермен-де-Пре находятся крупнейшие парижские издательства.

хозяйка, крашеная, в нейлоновой блузке, сквозь которую виден бюстгальтер, напоминающий средневековые латы; фоном — комментарий вечерних бегов в Венсенне; двое-трое рабочих в заляпанных комбинезонах оттягивают час одиночества, а может, встречи с благоверной, да старики-завсегдатаи с желтыми пальцами, которые достают всех подряд со своими разговорами о квартплате послевоенных времен. Вот оно — счастье.

Мужчины у стойки время от времени оборачиваются и прыскают со смеху, как школьники. Мои ноги идут по проходу, и они очень длинные. Проход довольно узкий, а на мне очень короткая юбка. Я вижу, как их ссутуленные спины содрогаются от хохота.

Я курю сигарету, пуская дым далеко перед собой. Смотрю в никуда. Теперь я знаю, что *Beautiful Day*, на которого ставили один к десяти, на голову обошел соперников на последней прямой перед финишем.

Я вспоминаю, что в сумочке лежит роман «Кеннеди и я», и думаю, не лучше ли мне будет остаться здесь.

Заказать солонину с чечевицей и полграфинчика розового вина... Как мне будет хорошо...

Но я беру себя в руки. А как же вы — ведь вы вместе со мной надеетесь, что будет любовь (или меньше? или больше? или не то чтобы?), так неужели я на самом интересном месте оставлю вас с хозяйкой «Чикито»? Это было бы бесчеловечно.

Я выхожу на улицу с порозовевшими щеками, и холод хлещет меня по ногам.

Он уже там, на углу улицы Сен-Пер, он ждет меня, видит меня, идет ко мне.

— Я испугался. Думал, вы не придёте. Увидел своё отражение в витрине, полюбовался на свои щёки — смотрите, какие гладкие! — и испугался.

— Извините, мне очень жаль. Я ждала результатов вечернего заезда в Венсенне и не заметила, как прошло время.

— А кто победил?

— Вы играете?

— Нет.

— Победил *Beautiful Day*.

— Ну конечно, я так и думал, — улыбается он и берёт меня под руку.

До улицы Сен-Жак мы идём молча. Время от времени он посматривает на меня украдкой, словно изучая мой профиль, но я-то знаю, что в эти минуты его больше интересует, что на мне надето — колготки или чулки?

Терпение, дружок, терпение...

— Я поведу вас в одно местечко, которое очень люблю.

Могу себе представить... слегка развязные, но услужливые официанты понимающе улыбаются ему: «Здравссствуйте, мсье... (это, стало быть, новенькая... брюнетка в прошлый раз мне больше понравилась...)» — и рассыпаются подобострастно: «Столик на двоих в уголке, как обычно, мсье? (да где он их только берёт?..) Пальто оставите? Прекрасссно». На улице он их берёт, дурья твоя башка.

А вот и ничего подобного.

Он пропустил меня вперёд, придержав дверь маленького винного погребка, и у нас только спросили, курим ли мы[1]. Всё.

---

[1] Во всех французских ресторанах есть специальные залы (или столики) для курящих и некурящих.

Он повесил наши вещи на вешалку и замер на мгновенье при виде плавной линии моего декольте — в эту секунду я поняла, что он ничуть не жалеет о свежей ранке под подбородком, результате сегодняшнего бритья, когда руки его плохо слушались.

Мы пили потрясающее вино из больших пузатых бокалов. Мы ели изысканные блюда, подобранные так, чтобы не перебивать букеты наших дивных нектаров.

Бутылка «Кот-де-Нюи», «Жевре-Шамбертен» 1986 года. Малютка Иисус в бархатных штанишках.

Мужчина напротив меня пьет, щуря глаза.

Я уже немножко знаю его.

На нем серая кашемировая водолазка. Старенькая водолазка. Заплатки на локтях и дырочка у правого запястья. Наверно, подаренная на двадцатилетие... Так и вижу, как его мамочка, расстроенная его не сильно довольным видом, говорит: «Вот увидишь, сколько раз еще меня потом вспомнишь и спасибо скажешь» — и, приобняв, целует сына.

Пиджак совсем скромный, с виду самый обыкновенный твидовый пиджак, но у меня-то глаз-алмаз, и я вижу, что этот пиджак сшит на заказ. У «Old England», когда товар поступает напрямую из ателье с бульвара Капуцинок, этикетки немного шире, а этикетку я успела разглядеть, когда он нагнулся поднять салфетку.

Салфетку-то, насколько я понимаю, он уронил нарочно, чтобы выяснить наконец вопрос с чулками и не мучиться.

Он говорит о разных разностях, но ничего о себе. И всякий раз теряет нить своего рассказа, когда я задерживаю руку у себя на шее. Он спрашивает: «А вы?» — и я тоже ничего не говорю ему о себе.

Когда мы ждем десерта, моя шаловливая ножка прижимается к его ноге.

Он накрывает мою ладонь своей, но тут же убирает руку, потому что приносят мороженое.

Он что-то говорит, но слова едва шелестят, и я ничего не слышу.

Мы оба взволнованы.

И тут – о, ужас! У него звонит мобильник.

Как по команде весь ресторан уставился на него, поспешно отключающего телефон. Он наверняка многим испортил вкус замечательного вина. Так и подавиться недолго. Вокруг кашляют, пальцы судорожно сжимают ручки ножей или складки накрахмаленных салфеток.

Чертовы штуки, всегда хоть одна да задребезжит, где угодно, когда угодно.

Хамство.

Он смущен. Ему вдруг, кажется, стало жарко в мамином кашемире.

Он виновато кивает соседям, давая понять, как ему неловко. Смотрит на меня, слегка ссутулив плечи.

– Простите, мне так жаль... – Он улыбается мне, но уже не так напористо.

– Ничего страшного. Мы же не в кино. В один прекрасный день я кого-нибудь убью. Кого-нибудь, кто ответит на звонок в кино во время сеанса. Когда прочтете об этом в криминальной хронике, знайте, что это была я.

– Учту.

– Вы читаете криминальную хронику?

— Нет, но теперь буду, раз есть шанс прочесть там о вас.

Мороженое было, как бы это сказать... изумительное.

Заметно взбодрившись, мой прекрасный принц, когда подали кофе, пересел поближе ко мне.

Так близко, что теперь он знает точно: на мне чулки. Он почувствовал маленькую застежку у бедра.

А я знаю, что в эту минуту он не помнит, где живет.

Он приподнимает мои волосы и целует сзади в шею, в ямку на затылке.

Он шепчет мне на ухо, что обожает бульвар Сен-Жермен, обожает бургундское вино и черносмородиновое мороженое.

Я целую тот самый порез. Весь вечер я мечтала об этом и теперь отвожу душу.

Кофе, счет, чаевые, наши пальто — все это мелочи, мелочи, мелочи. Мы вязнем в мелочах.

Наши груди разрывает от волнения.

Он подает мне мой черный плащ и тут...

Отдаю должное мастерству — вот это артист, браво! Очень ловко, почти незаметно, точно рассчитано и классно проделано! — опуская его на мои обнаженные плечи, беззащитные и нежные как шелк, он нашел-таки необходимые полсекунды и идеальный угол наклона головы к внутреннему карману пиджака, чтобы взглянуть на дисплей своего мобильника.

Я прихожу в себя. Мгновенно.
Предатель.
Неблагодарная скотина.

Что же ты наделал, идиот?

О чем ты думал, когда мои плечи были такие округлые, такие теплые, а твоя рука так близко?!

Какие дела оказались для тебя важнее, чем моя грудь, открытая твоему взгляду?

На что ты отвлекся, когда я должна была ощутить твое дыхание на своей спине?

Неужели твоя чертова штуковина не могла подождать? Возился бы с ней потом, после того как у тебя все произойдет со мной!

Я застегиваю плащ до самого верха.

На улице холодно, я устала, и меня подташнивает.

Я прошу его проводить меня до ближайшей стоянки такси.

Он в панике.

Вызывай службу спасения, приятель, телефон у тебя есть.

Но нет. Он не дрогнул.

Как будто так и надо. Вроде как мы провожаем добрую знакомую до такси, растираем ей плечи, чтобы согреть, и разглагольствуем о парижской ночи.

Он держит марку почти до конца — что есть, то есть.

Но прежде, чем я сажусь в такси, черный «мерседес» с номерами департамента Валь-де-Марн, он говорит:

— Но... мы ведь еще увидимся, правда? Я даже не знаю, где вы живете... Оставьте мне хоть что-нибудь, адрес, телефон...

Он вырывает листок из блокнота и торопливо пишет цифры.

— Вот. Первый номер — домашний, второй — моего мобильного, по нему вы можете звонить мне в любое время...

Это я уже поняла.

— Только не стесняйтесь, в любое время, хорошо?.. Я буду ждать.

Я прошу шофера высадить меня в конце бульвара, мне надо пройтись.

Я иду и поддаю ногами несуществующие консервные банки.

Ненавижу мобильные телефоны, ненавижу Саган, ненавижу Бодлера и всех прочих шарлатанов.

Ненавижу свою гордыню.

ТЕСТ

Какой же дурой становится женщина, когда хочет ребенка! Какие же все бабы дуры.

Стоит ей узнать, что она беременна, и готово дело, открываются шлюзы: любовь, любовь, любовь.

И все, больше ее не заткнешь.

Дуры.

Она – как все. Думает, что беременна. Ей так кажется. Это возможно. Не то чтобы совсем наверняка, но почти.

Она выжидает еще несколько дней. Мало ли что.

Тест на беременность стоит в аптеке 59 франков. Она это знает. Помнит по первому ребенку.

Она говорит себе: подожду еще два дня и сделаю анализ.

Конечно, она не выдерживает. Думает: ну что такое 59 франков, если, может быть, может быть – я беременна? Что такое 59 франков, если через две минуты я буду все знать точно?

59 франков, чтобы открыть наконец шлюзы, а то ведь так можно и лопнуть, там, внутри, все кипит-бурлит, даже живот немножко ноет.

Она бежит в аптеку. Не в ту, куда ходит обычно, — в другую, подальше от дома, где ее не знают. Входит, такая вся из себя равнодушная: «Тест на беременность, пожалуйста», а сердце бьется сильно-сильно.

Она возвращается домой. Она не спешит. Она растягивает удовольствие. Вот он, тест, в ее сумочке, на тумбочке в прихожей, а она суетится по дому. Она пока еще хозяйка положения. Складывает белье. Идет в садик за ребенком. Болтает с другими мамашами. Смеется. У нее хорошее настроение.

Она готовит полдник. Намазывает масло на тосты. Старательно. Слизывает варенье с ложки. Не может удержаться и целует своего сынишку. Куда попало. В шейку. В щечки. В макушку.

Он говорит: «Хватит, мама, пусти».

Она сажает его перед ящиком с «Лего», а сама все никак не может отойти и мешает ему играть.

Потом спускается по лестнице. Старается не замечать свою сумочку, но не получается. Она останавливается. Достает тест.

Она нервничает, открывая коробочку. Раздирает упаковку зубами. Инструкцию она прочтет потом. Сначала надо пописать на эту штуку. Закрыть ее колпачком, как шариковую ручку. Она держит это в руке, тепленькое.

Потом кладет куда-то.

Читает инструкцию. Подождать четыре минуты и проверить контрольные квадратики. Если оба квадратика порозовели, это значит, в вашей моче, мадам, много ХГГ (хорионического гонадотропного гормона), если оба квадратика порозовели, это значит, что вы, мадам, беременны.

Четыре минуты — как долго! Ладно, пока можно выпить чаю.

Она ставит кухонный таймер на яйцо «в мешочке». Четыре минуты... вот.

Не надо трогать тест. Она обжигает губы горячим чаем.

Заглядывает в полупустой холодильник и размышляет, что бы приготовить на ужин.

Четыре минуты она не выдерживает, да это и ни к чему. Результат уже есть. Беременна.

Она так и знала.

Трубочку она бросает на самое дно мусорного ведра. Хорошенько прикрывает сверху консервными банками и пакетами. Пока это будет ее секрет.

Ну вот, теперь ей легче.

Она делает глубокий вдох полной грудью. Она так и знала.

Это уж просто для очистки совести. Все, шлюзы открыты. Теперь можно подумать о чем-нибудь другом.

Ни о чем другом она больше думать не будет.

Присмотритесь как-нибудь к беременной женщине: вам кажется, что она переходит улицу, или работает, или даже говорит с вами. Ничего подобного. Она думает о своем ребенке.

Она не признается в этом, но ни одной минуты не проходит за все девять месяцев, чтобы она не думала о ребенке.

Да, она вас слушает, но почти не слышит. Она кивает, но на самом деле ей все равно.

Она представляет себе, какой он. Пять миллиметров: с пшеничное зернышко. Один сантиметр: с ракушку. Пять сантиметров: с этот вот ластик на ее письменном столе. Двадцать сантиметров к пятому месяцу: с ее раскрытую ладонь.

Еще ничего не заметно. Совершенно ничего, но она то и дело трогает свой живот.

Да нет, не свой живот она трогает, а его. Точно так же она гладит по голове своего старшего. Это то же самое.

Она сказала мужу. Продумывала, как преподнести ему новость. Разыгрывала в уме целый спектакль, искала особенный голос, бейте-барабаны-плачьте-скрипки... А потом махнула рукой.

Она сказала ему ночью, в темноте, когда они переплелись ногами, но просто чтобы уснуть. «Я беременна», — сказала она, и муж поцеловал ее в ухо. «Вот и хорошо», — ответил он.

И сыну она тоже сказала: «Знаешь, у мамы в животе ребеночек. У тебя родится братик или сестричка, как у мамы Пьера. И ты сможешь катать колясочку, как Пьер».

Сынишка приподнял ее свитер и спросил: «А где же он? Где ребеночек?»

Она разыскала на полках книжку Лоранс Перну «Я жду ребенка». Весьма потрепанный томик, который уже успел послужить и ей, и ее невестке, и еще одной подруге.

Первым делом она откроет его на середине, где фотографии.

Глава называется «Жизнь до рождения» — от «яйцеклетки в окружении сперматозоидов» и до «шесть месяцев: он сосет палец».

Она долго рассматривает малюсенькие ручки с просвечивающими жилками и бровки — на некоторых снимках уже видны бровки.

Потом она сразу переходит к главе «Когда мне рожать?» Там есть таблица, по которой можно вычислить срок с точностью до дня («черные цифры: дата начала последней менструации, красные цифры: вероятная дата родов»).

Так, значит, малыш родится 29 ноября. И что у нас 29 ноября? Она поднимает глаза и упирается взглядом в календарь на стене рядом с микроволновкой... 29 ноября... Святой Сатюрнен.

Сатюрнен — этого только не хватало! — думает она и улыбается.

Кладет куда-то книгу и забывает о ней. Вряд ли откроет ее еще раз. Потому что все остальное: как питаться, пигментные пятна, растяжки, половая жизнь, будет ли ваш ребенок нормальным, подготовка к родам, правда о боли и прочее... все это ее не волнует, просто неинтересно. Природа лучше знает.

Она спит на ходу и ест большие соленые огурцы а-ля рюс за завтраком, обедом и ужином.

В конце третьего месяца следует в первый раз показаться гинекологу. Сдать анализы, оформить страховку и уведомление о беременности для работодателя.

Она идет туда в обеденный перерыв. Волнуется, но виду не подает.

Врач тот же, что помог родиться ее первому ребенку.
Они болтают о том о сем: как ваш муж, как работа? А ваша диссертация, продвигается? А как ваши дети, учатся? А эта школа, по-вашему, как?..

Рядом со смотровым столом стоит аппарат УЗИ. Она ложится. Экран еще не включен, но она не может отвести от него глаз.

Первым делом врач дает ей послушать удары невидимого сердца.

Звук отрегулирован так, что слышно на весь кабинет:
Бум-бум-бум-бум-бум-бум.

И у нее, как у полной идиотки, глаза уже на мокром месте.

А потом он показывает ей ребенка.

Крошечный человечек шевелит ручками и ножками. Десять сантиметров, сорок пять граммов. Хорошо виден позвоночник, можно даже пересчитать позвонки.

Рот у нее, наверно, широко раскрыт, но она не произносит ни звука.

Доктор усмехается. «Ха, — говорит он, — известное дело, от этого и самые болтливые немеют».

Пока она одевается, он заполняет карту, вкладывает туда снимки, которые уже выдал аппарат. Она сядет в машину и не сразу тронется — будет, затаив дыхание, долго разглядывать эти снимки, пока не выучит их наизусть.

Прошли недели, и живот у нее вырос. Груди тоже. Теперь она носит 95С. Немыслимо.

Она пошла в магазин для будущих мам купить себе одежду. И тут благоразумие ей изменило. Она выбрала платье — очень красивое и довольно дорогое — к свадьбе двоюродной сестры, намеченной на конец августа. Льняное платье с перламутровыми пуговками по всей длине. Она долго колебалась, потому что не уверена, что будет рожать еще, а так получается дороговато, конечно...

Она стоит в примерочной и ломает голову, путаясь в подсчетах. Когда она выходит с платьем в руках и сомнением на лице, продавщица говорит ей: «Доставьте же себе удовольствие! Да, вы будете носить его недолго, ну и что, зато сколько радости... И вообще, беременная женщина не должна ни в чем себе отказывать». Это было сказано шутливым тоном, но все равно, какая хорошая продавщица.

Это она думает уже на улице, неся в руке большой пакет со своим «безрассудством». Ей очень хочется писать. Все правильно.

И вообще, эта свадьба много для нее значит, потому что ее сын будет в свите невесты. Конечно, это глупость, но ей безумно приятно.

А вот и еще один повод для мучительных сомнений: пол ребенка.

Спросить — не спросить, узнавать или не узнавать заранее: мальчик или девочка?

Ведь приближается пятый месяц, а с ним и второй ультразвук, когда уже все будет видно.

У себя на работе она сталкивается с массой более сложных проблем и должна принимать ответственные решения каждую минуту. Принимает, куда деваться. Ей за это платят.

Но тут... она не знает.

Когда ждала первого, спросила, хотелось знать, ладно. Но теперь ей настолько все равно, будет ли это мальчик или девочка... абсолютно все равно.

Решено, она не хочет знать.

«Вы уверены?» — переспрашивает врач. Она уже не уверена. «Вот что, я вам ничего не скажу, посмотрим, может, разглядите что-нибудь сами».

Он медленно водит датчиком по ее вымазанному гелем животу. Где-то останавливается, записывает, поясняет, а где-то чиркает быстро и улыбается, наконец говорит: «Все, можете одеваться».

«Ну?» — спрашивает он.

Она кое-что заметила, но не уверена. «И что же вы заметили?» Ну... в общем-то, она, кажется, видела... что он мальчик, верно?..

«А-а, не знаю, не знаю», — смеется доктор и прямо облизывается от удовольствия. Ей хочется вцепиться в воротник его халата и тряхнуть хорошенько, чтобы сказал. Но нет. Пусть это будет сюрприз.

Летом с большим животом жарко. А уж по ночам... Спится плохо, как ни повернись, неудобно. Ничего, потерпим.

Времени до свадьбы остается все меньше. Вся семья в напряжении. Она говорит, что возьмет на себя букеты. Самое милое дело при ее слоновьих габаритах. Ее посадят посреди комнаты, мальчики будут приносить, что потребуется, и она украсит все, что только можно.

А пока она бегает по обувным магазинам, ищет «белые закрытые сандалии». Невеста хочет, чтобы вся свита была обута одинаково. Вот ведь додумалась. Попробуй найди белые сандалии в конце августа. «Мадам, ведь скоро начало учебного года». Наконец хоть какие-то удалось отыскать, правда, страшненькие и на размер больше.

Она смотрит на своего уже совсем большого малыша, а он красуется перед магазинными зеркалами — деревянный меч на поясе шортиков, новые ботинки на ногах. Для него это межгалактические сапоги-скороходы с лазерными застежками, слепому ясно. Какой же он чудесный, даже в этих жутких сандалиях.

И вдруг ее кто-то сильно толкает в живот. Изнутри.

Она и раньше чувствовала там толчки, движения, но вот чтобы так отчетливо — это впервые.

— ...Мадам? Мадам?.. Вам показать что-нибудь еще?..

— Нет-нет, все, извините, пожалуйста.

— Ну что вы, мадам. Хочешь шарик, заинька?

По воскресеньям ее муж занят делом. Он обустраивает комнатку, где раньше у них хранилось белье. Часто просит брата приехать помочь. Она закупила побольше пива и то и дело прикрикивает на малыша, чтобы тот не путался у них под ногами.

Перед сном она листает журналы по дизайну, ищет в них интересные идеи. Времени достаточно.

Они не обсуждают, как назовут ребенка, потому что имена им нравятся разные и оба знают, что последнее слово все равно останется за ней... так что какой смысл?

В четверг, 20 августа, ей надо идти на очередной осмотр — шесть месяцев. О господи, сколько можно!

Момент действительно не самый подходящий, подготовка к празднеству идет вовсю. Как нарочно, сегодня утром жених с невестой съездили в Ранжи и привезли горы цветов. Едва уместились в две ванны и детский надувной бассейн.

Около двух она откладывает садовые ножницы, снимает фартук и говорит родным, что малыш спит в желтой комнате. Если он проснется до ее прихода, пусть его покормят, ладно? Да, да, она не забудет на обратном пути купить хлеба, суперклей и рафию для букетов.

Приняв душ, она втискивает свой большой живот за руль машины. Включает радио и говорит себе, что в конце концов эта передышка даже к лучшему: когда слишком много женщин собираются за одним столом, если руки у всех заняты, то уж языки-то свободны. Вот они их и распускают почем зря...

В приемной уже дожидаются своей очереди две женщины. Можно погадать, пытаясь по форме живота определить, кто на каком месяце.

Она читает какой-то древний номер «Пари-Матч», тех незапамятных времен, когда Джонни Холлидей еще был с Аделиной.

Она входит в кабинет, доктор здоровается с ней за руку: как поживаете? Спасибо, хорошо, а вы? Она кладет сумку и садится. Он набирает на компьютере ее фамилию. Все данные уже хранятся в памяти: сколько недель с последних месячных и прочее.

Потом она раздевается. Пока она взвешивается, доктор застилает кушетку бумажной простыней, потом измеряет ей давление. Сейчас он сделает быстрый «контрольный» ультразвук, чтобы проверить сердце плода. Закончив осмотр, вернется к компьютеру и что-то добавит в карту.

У гинекологов есть один излюбленный прием. Когда женщина лежит с задранными ногами, они задают ей множество самых неожиданных вопросов, чтобы она хоть на минутку забыла о своей непристойной позе.

Иногда это помогает, но чаще — нет.

Вот и теперь, он спрашивает, чувствует ли она шевеление, она начинает отвечать: «Да, чувствовала, но в последнее время реже...» — и не договаривает, потому что видит, что он ее не слушает. Он-то, конечно, уже все понял. Руки его крутят еще рычажки аппарата, но это так, для виду, он-то ведь все уже понял.

Он поворачивает картинку на экране так и этак, движения его вдруг стали резкими, а лицо как будто мгновенно постарело. Она приподнимается на локтях, она тоже уже все поняла, но спрашивает: «Что случилось?»

Он говорит ей: «Одевайтесь», — как будто ничего не слышал, и она опять спрашивает: «Что случилось?» Он отвечает: «Есть проблема, плод мертв».

Она одевается.

Когда она снова садится перед ним, ее лицо непроницаемо. Она молчит. Он барабанит по клавиатуре, набирая много чего-то непонятного, и одновременно куда-то звонит.

Потом говорит ей: «Нам с вами предстоят не самые веселые минуты».

Она не знает, как это понимать.

«Не самые веселые минуты» — что он имеет в виду? Бесконечные анализы крови, от которых у нее вся рука будет в синяках, или завтрашний ультразвук, изображения на экране, колонки цифр и анализ данных — все, что он будет делать, чтобы понять то, чего не поймет никогда. Или «не самые веселые минуты» — это роды в ночь на воскресенье в больнице «скорой помощи», с дежурным врачом, недовольным, что его «опять» разбудили?

Да, наверно, это и есть «не самые веселые минуты» — рожать в муках, без обезболивания, потому что слишком поздно. Когда так больно, что, кажется, сейчас вытошнишь свои внутренности, вместо того чтобы тужиться, как тебе велят. Когда муж, беспомощный и такой неловкий, гладит твою руку, пока из тебя не выйдет наконец эта мертвая штуковина.

Или, может быть, «не самые веселые минуты» — это лежать на следующее утро в палате родильного отделения с опустевшим животом и слышать, как за стенкой плачет младенец.

Одного она так и не поймет: почему он сказал «нам с вами предстоят не самые веселые минуты»?

Врач тем временем продолжает заполнять историю болезни и, щелкая мышью, говорит, что плод отправят на вскрытие в парижский центр чего-то-там, но она уже давно его не слушает.

Еще он говорит ей: «Меня восхищает ваше хладнокровие». Она ничего не отвечает.

На улицу она выходит через черный ход, потому что у нее не хватает духу пройти через приемную.

Она еще долго будет плакать в машине, но одно уже знает точно: свадьбу она не омрачит. Для всех ее горе может подождать два дня.

И вот суббота, и на ней то самое льняное платье с перламутровыми пуговками.

Она одела сынишку и сфотографировала его перед выходом, потому что знает, что из костюмчика маленького лорда Фаунтлероя он скоро вырастет.

По дороге в церковь они заехали в клинику, чтобы она приняла под наблюдением специалиста мерзкую таблетку, которая изгоняет любой плод, желанный или нет, все равно.

А потом она осыпала новобрачных рисом и прохаживалась по безупречно выровненному гравию аллей с бокалом шампанского в руке.

Она нахмурилась, увидев, что ее маленький лорд Фаунтлерой пьет кока-колу прямо из бутылки, проверила, в порядке ли букеты. Она обменивалась любезностями и поддерживала светский разговор, потому что так полагается вести себя гостям на свадьбе.

И тут — откуда только взялась, как из воздуха возникла — рядом оказалась прелестная молодая женщина, незнакомая ей, видимо, гостья со стороны жениха. Все произошло совершенно неожиданно: незнакомка положила обе ладони на ее живот и сказала: «Можно?.. Говорят, это на счастье...»

И что ей, по-вашему, было делать? Конечно же, она попыталась улыбнуться.

ЭТОТ МУЖЧИНА И ЭТА ЖЕНЩИНА

Этот мужчина и эта женщина едут на иномарке. Машина стоила триста двадцать тысяч франков. Как ни странно, в автосалоне мужчина больше всего колебался из-за стоимости наклейки об уплате дорожного налога.

Жиклер барахлит. Мужчину это безмерно раздражает.

В понедельник он попросит секретаршу позвонить Саломону. На мгновение у него мелькает мысль о грудках секретарши: они такие маленькие. Он никогда не спал со своими секретаршами. Во-первых, это вульгарно, а во-вторых, в наши дни на этом можно потерять много денег. Он вообще больше не изменяет жене, с того самого дня, как они с Антуаном Сеем подсчитали, играя в гольф (ну чисто гипотетически, конечно!), во что каждому из них обошлись бы алименты.

Он и его жена едут в свой загородный дом. Это очень красивая ферма под Анже. Прекрасные пропорции.

Они купили его практически за бесценок. Но вот ремонт и переделка...

Деревянные панели во всех комнатах, камин, который сначала разобрали, а потом собрали по камешку, — он влюбился в этот камин у антиквара-англичанина с первого взгляда. На окнах — тяжелые драпировки с кистями. Суперсовременная кухня, камчатные полотенца и столешницы из серого мрамора. Ванные комнаты при каждой спальне, мебели немного, зато вся антикварная. На стенах — гравюры XIX века со сценами охоты, вот только рамы, пожалуй, чересчур золотые и слишком широкие.

Чуточку попахивает нуворишеством, но хозяева, к счастью, этого не ощущают.

Мужчина в «костюме выходного дня»: на нем твидовые брюки и голубой кашемировый свитер с высоким воротом (подарок жены на пятидесятилетие). Ботинки от Джона Лобба — от этой марки он не откажется ни за что на свете. Носки на нем, естественно, фильдекосовые и длинные — до середины икры. Это нормально.

Он довольно лихо ведет машину, обдумывая дела. По приезде нужно будет поговорить со смотрителями о доме, о хозяйстве, о подрезке буковых деревьев, о браконьерах... Как же он все это ненавидит.

Он не любит, когда его держат за идиота, а эти двое смотрителей над ним просто издеваются. За работу они принимаются в пятницу утром, спустя рукава начинают лениво бродить по участку, да и то только потому, что знают: вечером приедут хозяева, и нужно изобразить вид деятельности.

Ему следовало бы вышвырнуть их вон, но сейчас у него совершенно нет на это времени.

Он устал. Ему осточертели его компаньоны, любовью с женой он практически не занимается, ветровое стекло напоминает комариную братскую могилу, и все так же барахлит жиклер.

Женщину зовут Матильда. Она хороша собой, но на ее красивом лице читается горечь ее жизни.

Она всегда знала об изменах мужа, и ей точно известно, что теперь он хранит ей верность исключительно из-за денег.

Она с грустным видом сидит на «месте смертника» — как всегда во время их бесконечных субботне-воскресных поездок.

Она думает, что никогда не была любима, что у нее нет детей, а еще о малыше сторожихи, которого зовут Кевин, в январе ему исполнится три годика. Кевин — какое ужасное имя. Будь у нее сын, она назвала бы его Пьером — в честь своего отца. Она вспоминает, какую ужасную сцену закатил ей муж, когда она заговорила об усыновлении... Но вместе с тем она думает о том миленьком зеленом костюмчике, который заприметила несколько дней назад в витрине «Черутти».

Они слушают *Fip*. Хорошая радиостанция: классическая музыка — это надежно, а музыка разных народов всегда создает впечатление, что ты открыт всем ветрам мира, и короткие выпуски новостей — такие короткие, что чужие несчастья не успевают пробраться к тебе в салон.

Они проехали пункт оплаты за проезд. Они так и не сказали друг другу ни единого слова, а до дома еще ох как далеко.

«ОПЕЛЬ»

Ну вот она я, иду по улице Эжен-Гонон.

Это целая программа. Заданный маршрут.

Да вы что? И правда не знаете улицу Эжен-Гонон? Бросьте, вы меня разыгрываете!

По обе стороны этой улицы стоят маленькие каменные домики, в маленьких садиках ухоженные лужайки, на окнах — навесы из кованого железа. Знаменитая улица Эжен-Гонон в Мелоне.

Ну конечно, вы знаете Мелон... Тюрьму, сыр бри, которому не помешала бы лучшая реклама, и железнодорожные аварии.

Мелон.

Шестая зона по проездному билету.

Я несколько раз в день прохожу по улице Эжен-Гонон. Четыре раза в общей сложности.

Я иду на факультет, возвращаюсь с факультета на обед, затем снова на факультет и обратно.

К концу дня я как выжатый лимон.

Ну внешне это никак не проявляется, но себя-то чего обманывать! Десять лет подряд по четыре раза на дню ходить по улице Эжен-Гонон в Мелоне, направляясь на факультет права, чтобы сдать экзамены и получить наконец специальность, которая тысячу лет никому не нужна... Гражданский кодекс, уголовный кодекс, лекции, конспекты, статьи, абзацы наизусть и бесконечный Даллоз[1] — полный набор удовольствий! И все это ради профессии, которая заранее вызывает у меня отвращение.

Ну признайте: есть от чего дойти до ручки к концу дня.

Итак, в данный момент я в третий раз на сегодня прохожу привычным маршрутом. Я пообедала и решительным шагом возвращаюсь на юридический факультет мелонского университета... Гип-гип ура! Закуриваю. Обещаю себе: это последняя!

И сама же смеюсь: две тысячи первая последняя в этом году...

Иду вдоль маленьких белых домиков. *Вилла «Мари-Тереза», вилла «Радость моя», вилла «Тихое гнездышко»*. Весна. У меня начинается депрессия. Нет, ничего серьезного не происходит: ни крокодильих слез, ни транквилизаторов, ни отсутствия аппетита, ни желания закрыться у себя и никого не видеть.

Просто меня все достает, как это ежедневное «четырехразовое» путешествие по улице Эжен-Гонон. Кто знает, тот поймет.

Не вижу тут никакой связи с весной...
Погоди-ка. Весна. Птички галдят на тополиных ветках с набухшими почками. Коты устраивают по но-

---

[1] Даллоз — Виктор Алексис Дезире (1795–1869). Французский юрисконсульт. Создал вместе с братом Арманом издательство, опубликовавшее Справочник по французскому законодательству и общему праву.

чам адские разборки, селезни обхаживают уток на берегах Сены. И еще влюбленные. Не говори мне, что ты их не замечаешь, они повсюду. Слюнявые поцелуи, джинсы, которые вот-вот лопнут в районе ширинки, шаловливые ручонки и ни одной свободной скамейки. Я от этого с ума схожу.

Шизею. Вот и все.

Завидуешь? У тебя никого нет?
Я? Завидую? Мне — одиноко? Нееет, конечно, нет... ты что, издеваешься?

(...)

Пффф, несешь невесть что. Не хватало мне только завидовать этим придуркам, задолбавшим всех своим желанием. Черт-те что.

(...)

Ну да, да, да! Я завидую! Что, не заметно? Может, тебе очки дать? А то ты не видишь, как я завидую, как дохну от зависти, как мне не хватает люююююббви.

Не видишь, да? Ну тогда уж и не знаю, что еще тебе нужно...

Сама себе я напоминаю персонаж художника Бретешера: девушка сидит на скамейке, на шее у нее картонка, на картонке написано: «Я хочу любви!», и из глаз ее фонтаном брызжут слезы. Ну вылитая я. Всем картинкам картинка.

Нет, я уже не на улице Эжен-Гонон (у меня все-таки есть чувство собственного достоинства), я в «Прамоде».

«Прамод» несложно себе представить, они есть повсюду. Большой магазин, забитый недорогой одеждой — среднего качества, ну ладно, скажем — пристойного качества (я же не хочу, чтобы меня уволили!).

В «Прамоде» я работаю, зарабатываю деньги: это мои сигареты, мой кофе «эспрессо», мои ночные тусовки, мое дорогое белье, мой любимый «Герлен», моя косметика, книжки, походы в кино. Короче, мое все!

Я ненавижу работу в «Прамоде» — но что поделаешь? Носить дешевые тряпки, брать фильмы напрокат в видеоклубе Мелона, записываться в очередь на последнего Джима Харрисона в муниципальной библиотеке? Нет уж, лучше сдохнуть. Или работать в «Прамоде».

Да и вообще, если хорошенько подумать, то обслуживать толстушек модниц гораздо приятнее, чем задыхаться от вони горящего масла в «Макдоналдсе».

Проблема в моих коллегах. Вы скажете: ну девочка, проблема *всегда* в коллегах.

Ага, конечно, но вы наверняка не знакомы с Мэрилин Маршандиз. (Кроме шуток, управляющую центральным «Прамодом» в Мелоне *действительно* зовут Мэрилин Маршандиз[1]... Это судьба.)

Итак, ну конечно, вы ее не знаете, а между тем она самая управляющая из всех управляющих «Прамодом» во Франции. И вульгарная до ужаса.

Не знаю, как бы ее лучше описать. Дело даже не в ее внешности, хотя... ее отросшие крашеные волосы, черные у корней, мобильник, болтающийся у нее на бедре... Фу, гадость... Но, думаю, дело все-таки в ее душе.

Невозможно описать, что такое вульгарная душа.

Вы только посмотрите, как она разговаривает со своими служащими. Как с ничтожествами. У нее

---

[1] Игра слов: по-французски marchandise — товар.

брезгливо оттопыривается верхняя губа — должно быть, она считает нас жалкими личностями, абсссолютными кретинками. Ко мне она относится хуже всего. Я — интеллектуалка. Из тех, что делают меньше орфографических ошибок, чем она сама, а это доводит ее до исступления.

«Магазин будет закрыть с 1 по 15 августа».

Погоди, дорогая... тут у нас проблема.

Тебя что, никогда не учили спрягать глаголы?

Не знаешь, как проверять? Так вспомни! Ну? Видишь, ничего сложного! Разве не здорово?

Ух ты, как она на меня смотрит! Ага, переписывает объявление:

«ЗАКРЫТИЕ! С 1 по 15 августа».

Я ликую.

Говоря со мной, она удерживает верхнюю губу на месте, но это ей дорого дается.

Заметьте, я трачу силы не только на то, чтобы дрессировать нашу управляющую, — я вообще много чего умею.

Дайте мне любую клиентку — я одену ее с головы до ног. Плюс аксессуары. Почему? Да потому, что я на них смотрю. Прежде чем советовать, я смотрю на клиентку. Я вообще люблю смотреть на людей. Особенно на женщин.

Даже в самой заурядной всегда что-то есть. По крайней мере одно есть точно — желание быть красивой.

«Марианна, что я вижу? Летние боди все еще на складе, может, ты наконец этим займешься!..»

Я все должна им говорить, черт знает что такое...

Иду, иду. Куда я денусь!

Я хочу любви.

Субботний вечер, Saturday night fever.

«Милтон» — это ковбойский салун Мелона, я пришла с подружками.
Слава богу, что они здесь. Они хорошенькие, смешливые, любят повеселиться от души и знают, чего хотят.

Я слышу, как на парковке скрипят шины, негромко урчат «харлеи» и щелкает зажигалка «Зиппо». Нам подали приторно-сладкий коктейль от заведения: явно сэкономили на шампанском, восполнив его гренадином, видно, считая, что девушки любят гренадин... Я спрашиваю себя: «Что, черт побери, ты здесь делаешь?!» У меня тоска. Состояние тревожности, говоря научным языком. Глаза щиплет. Хорошо, что я ношу линзы, да и на дым свалить можно.

— Привет, Марианна, ты как? — спрашивает меня киска, с которой мы учились в старших классах.
— Привет!.. *чмок-чмок-чмок-чмок*... — Хорошо. Рада тебя видеть, давно мы не встречались... Что поделывала?
— А тебе не сказали? Я ездила в *Штаты*, постой, ты не поверишь, это был полный отпад. Лос-Анджелес, дом — просто сказка: бассейн, джакузи, вид на океан. Умереть не встать, и хозяева такие милые, совсем не похожи на надутых америкосов. Неееет, это был просто улет!

Она встряхивает своей калифорнийской прической, показывая, *насколько* ей всего этого не хватает.

— Видела Джорджа Клуни?
— Кого?.. Ты к чему это?
— Да просто так. Подумала, может, ты еще и с Джорджем там встречалась, вот и все.
— У тебя какие-то проблемы, — заключает она и отправляется вешать лапшу на уши поразвесистее, — мечтательница, работавшая на америкосов за еду и жилье.

Глядите-ка, кто к нам идет... Ну вылитый Буффало Билл.

Тощий молодой человек с выступающим кадыком и маленькой любовно ухоженной бородкой — ну просто чудо как хорош! — приближается к моим сиськам и пытается вступить с ними в контакт.

Он: Мы уже встречались?

Мои сиськи: ...

Он: Ну конечно! Я вспомнил, ты была в «Гараже» на Хэллоуин?

Мои сиськи: ...

Он не сдается: Ты француженка? *Do you understand me?*

Мои сиськи: ...

Буффало рывком поднимает голову. Оказывается, у него и лицо есть.

Он жестом театрального отчаяния скребет бородку и погружается в глубочайшую задумчивость.

— *From where are you from?*

Уйййяяя, Буффало! Да ты *спикаешь на ихнем языке!*

— Я из Мелона, живу на Вокзальной площади в доме четыре и хочу сразу тебя предупредить: у меня нет стереосистемы на балконе.

Хррр, пшшш... Он снова чешет бороду.

Я должна сейчас же отсюда убраться, совсем ничего не вижу, черт, эти блядские линзы совсем меня доконали.

А ты еще и грубиянка, птичка моя.

Я стою перед «Милтоном», мне холодно, я плачу как ребенок, я мечтаю оказаться неважно где, только не здесь, я спрашиваю себя, как мне возвращаться домой, я смотрю на небо, ищу звезды, но даже их нет. И вот я уже рыдаю взахлеб.

В подобных случаях, когда ситуация становится совсем уж отчаянной, самое умное, что я могу сделать... это... позвонить сестре...

Биип-бииииипп-дзз...

— Да... *(Голос сонный...)*
— Алло, это Марианна.
— Который час? Ты где? *(Раздражение в голосе.)*
— Я в «Милтоне», ты можешь меня забрать?
— Что происходит? Что с тобой? *(Тревога в голосе.)*

Я повторяю:

— Можешь за мной приехать?

Кто-то мигает фарами на другом конце стоянки.

— Давай, садись, старушка, — командует сестра.
— Ты приехала в бабушкиной ночной рубашке!!!
— Заметь, я старалась прибыть как можно скорее!
— Ты заявилась в «Милтон» в прозрачной ночной рубашке в стиле ретро! — Я помираю со смеху.
— Во-первых, я не собираюсь выходить из машины, во-вторых, она не прозрачная, а ажурная, тебе в «Прамоде» разве не объясняли разницу?
— А если у тебя кончится бензин? Не говоря уж о том, что тут и так найдется немало старых охотников до тебя...

— Покажи... где, кто? *(Интерес в голосе.)*

— Смотри, вот там, это случайно не «господин Тефаль»?..

— Подвинься ... Смотри-ка, ты права... Боже, какой урод, он стал еще страшнее. И на чем он теперь ездит?

— Это «опель».

— Ну да, конечно, видела на заднем стекле наклейку *«The Opel touch»*?..

Она смотрит на меня, и мы ржем как сумасшедшие:

1) над старыми добрыми временами,

2) над «господином Тефалем» — который больше всего боялся к кому-нибудь «прикипеть»,

3) над дурацким «опелем», который его олицетворяет,

4) над его рулем в мохнатом чехле,

5) над его черной кожаной курткой, которую он надевает только по выходным, и над безупречно отпаренной складкой на джинсах Levis-501, которые усердно ему наглаживает мамочка.

Нам хорошо.

Сестрица на своей дорогой машине лихо выруливает с парковки, слышен визг колес, на нас оборачиваются, она говорит мне:

— Жожо меня растерзает, когда увидит покрышки...

Сестра смеется.

Я вынимаю линзы и откидываю спинку сиденья.

Мы входим на цыпочках, потому что Жожо и дети спят.

Сестра наливает мне джин-тоник, но без «швепса» и спрашивает:

— Что не так?

И я рассказываю. Ни на что не рассчитывая, потому что психолог из моей сестры — никакой.

Я говорю ей, что мое сердце похоже на большой пустой мешок, огромный мешок, куда можно было бы запихнуть целый караван-сарай, но он пуст.

Я употребляю слово «мешок» сознательно — я имею в виду не жалкие пакеты из супермаркета, которые то и дело рвутся. Мой мешок... ну тот мешок, который я себе представляю... он огромный, квадратный, в сине-белую полоску... похожий на те, что носят на голове большие мамки-негритянки на Барбадосе...

— Да брось ты... все не так плохо, — говорит моя сестра, наливая нам еще по одной.

ЭМБЕР

Баб у меня было без счета, но я не помню лица ни одной из них.

Нет, действительно, я не выпендриваюсь и не лукавлю. Знаешь, с той кучей денег, которую я сегодня зарабатываю, окруженный всеми этими угодливыми задницами, я могу себе позволить обойтись без пустого трепа.

Я так говорю, потому что это правда. Мне тридцать восемь лет, и я почти ничего не помню о собственной жизни. Я забыл своих женщин — как, впрочем, и все остальное.

Иногда мне случается увидеть в старой газете — из тех, что валяются в сортирах, — свое фото в обнимку с какой-нибудь цыпочкой.

Ну вот, тогда я читаю подпись под снимком и выясняю, что девушку зовут Летиция, или Соня, или еще хрен знает как, снова смотрю на фото и как будто даже узнаю ее: «Ну да, конечно, Соня — темноволосая малышка с виллы «Барклай», любительница пирсинга, благоухающая ванилью...»

Но в действительности все совсем иначе. И ничего такого мне не вспоминается.

Как полный идиот, я твержу про себя: «Соня, Соня, Соня...», откладываю газету в сторону и принимаюсь искать сигареты.

Мне тридцать восемь лет, и я осознаю, что жизнь моя катится ко всем чертям. Что-то такое во мне сломалось. Одного щелчка бывает достаточно, чтоб на несколько недель выбить меня из колеи. Тут однажды кто-то заговорил при мне о войне в Заливе, так я обернулся и спросил:

— А когда она была, эта война?
— В 91-м, — последовал ответ, словно я нуждался в простом уточнении... Но гребаная правда заключается в том, что я даже не слышал никогда ни о какой войне в Заливе.

Да пошла она к черту, эта война в Заливе.

Не видел. Не слышал. Тот год вообще выпал из моей жизни.

В 91-м меня тут не было.

В 91-м я путешествовал по собственным венам и не заметил никакой войны. Ты скажешь: «Далась тебе эта война!» Но она просто удачный пример.

Я почти все забываю.

Прости меня, Соня, но это так. Я тебя не помню.

А потом я встретил Эмбер.
От одного звука ее имени мне становится легче.
Эмбер.

В первый раз я увидел ее в студии звукозаписи на улице Вильгельма Телля. Мы опаздывали со сроками уже на неделю, и все вокруг доставали нас разными страшилками о деньгах и неустойках.

Что ж, всего не предусмотришь. Это попросту нереально. Никто ведь не знал, что выписанный из Штатов суперзвуковик (его гонорар был просто золотым, но мы хотели потрафить хозяевам фирмы) срубится после первой же «дороги»!

— Усталость и разница во времени не пошли ему на пользу, — так сказал наш доктор.

Конечно, это все чушь собачья, и никакая разница во времени тут ни при чем.

Америкоса просто жадность сгубила: употребил меньше, чем хотел, но больше, чем мог. Тем хуже для него. Теперь он выглядел полным идиотом со своим жалким контрактом, согласно которому собирался пустить в пляс всех французских девчонок...

В общем, момент был тяжелый. Я не вылезал на свет божий несколько недель, дошел до ручки и уже не решался потереть ладонями лицо, чувствуя, что кожа вот-вот лопнет, или растрескается, или же еще какая дрянь приключится.

Под конец я уже и курить не мог — так сильно болело горло.

Фред давно уже меня доставал с какой-то там по-другой своей сестры. Она, мол, фотограф и жаждет сопроводить меня в турне. Сама — фрилансер, но фотографий продавать не станет. Будет снимать для себя.

— Слушай, Фред, отвянь, а...

— Да ладно, брось, ну что, от тебя убудет, если я приведу ее как-нибудь вечером? Ты и не заметишь!

— Не люблю фотографов, не люблю администраторов, не люблю журналистов, не люблю, когда лезут в мою жизнь, не люблю, когда на меня пялятся. Можешь ты это понять или нет?!

— Черт, ну не будь занудой, всего один вечер, пара минут! Тебе и говорить с ней не придется, ты ее даже не увидишь. Сделай это для меня, ну, дружище! Сразу видно — ты не знаком с моей сестрой, она любого достанет.

Только что говорил, что все забываю, а вот этого, как видишь, не забыл.

Она вошла в студию через маленькую дверь, что справа от монтажных пультов. Шла на цыпочках, словно извиняясь всем своим видом. Одетая в белую маечку на тонких бретельках. Из-за стекла я не сразу разглядел ее лицо, но, когда она села, заметил, какие маленькие у нее сиськи, и тут же захотел их потрогать.

А потом, чуть позже, она мне улыбнулась. Но не так, как мне обычно улыбаются девицы, довольные уже тем, что я на них смотрю.

Она улыбнулась просто, чтобы доставить удовольствие *мне*.

Никогда еще запись не тянулась так долго, как в тот день.

Когда я вышел из своей стеклянной клетки, ее уже не было.

Я спросил Фреда:
— Это подруга твоей сестры?
— Ну да.
— Как ее зовут?
— Эмбер.
— Она ушла?
— Не знаю.
— Ччерт...
— Что?
— Ничего.

Она появилась снова в последний день. Поль Акерманн организовал маленький «междусобойчик» в студии — «чтобы отпраздновать твой будущий золотой диск», он так и сказал, этот придурок. Я только что вышел из душа — голый по пояс, вытирая мокрые волосы краем полотенца, — и тут Фред мне ее представил.

Я, словно пятнадцатилетний подросток, не мог выдавить из себя ни слова, а потом и вовсе уронил это гребаное полотенце.

Она снова мне улыбнулась — как тогда, в первый раз.

Кивнув на бас-гитару, спросила:
— Это ваша любимая?

А я не знал, за что мне больше всего хочется ее расцеловать — за то, что она ни черта не понимает в музыке, или за то, что говорит мне «вы» — в отличие от всех, кто обычно мне «тыкает», норовя при этом похлопать по плечу...

Все — начиная с президента республики и заканчивая последним оборванцем — все они со мной на «ты», как будто мы с ними в детстве вместе свиней пасли.

Так уж принято в нашей среде.

— Да, — ответил я, — это моя любимая, — а сам шарил взглядом по комнате, ища, чем бы прикрыться.

Мы немножко поговорили, но это было непросто, потому что Акерманн позвал журналюг — кто бы сомневался!

Она спросила насчет ее поездки с нами, а я отвечал «да» на все ее слова, пялясь исподтишка на ее грудь. Потом она попрощалась, а я стал искать Фреда, или Акерманна, или кого-нибудь еще — чтобы набить морду, так меня распирало.

На тех гастролях у нас было около десятка выступлений, и почти все за границей. Два вечера подряд мы играли в «Сигаль», а больше я толком ничего и не помню. Мы проехали Бельгию, Германию, Канаду и Швейцарию — только не спрашивай, в каком именно порядке, этого я не знаю.

Гастроли меня утомляют. Я играю свою музыку, я пою, я стараюсь — по возможности — сохранять трезвость духа и сплю при этом в пульмане.

Даже если у меня когда-нибудь будет задница из чистого золота, я все равно буду ездить с ребятами в моем климатизированном пульмане. В тот день, когда я один сяду в самолет и стану пожимать руки своим музыкантам перед выходом на сцену, знайте, ребята, это означает только одно: что здесь мне больше делать нечего и пришло время уходить на покой.

Эмбер поехала с нами, но я не сразу об этом узнал. Она фотографировала, но так, что мы ее даже не замечали. Жила она с «подпевками». Иногда в коридорах раздавалось их хихиканье — верный признак того, что Дженни снова кому-то гадает. Замечая присутствие Эмбер, я поднимал голову и выпячивал, так сказать, грудь колесом, но ни разу не подошел к ней за все эти недели гастрольного турне.

Я постарел — не могу больше смешивать работу и секс.

Последнее выступление у нас было в воскресенье вечером, в Белфорте, — хотелось закончить красиво, дав «ударный» концерт в честь десятилетия группы.

На прощальном ужине мы сидели рядом. Такие вечеринки — это для нас святое, на них допускаются только свои: машинисты и рабочие сцены, музыканты и все те, кто помогал нам во время поездки. Сюда не стоит соваться ни провинциальным журналистам, ни горе-продюсерам с молоденькими «звездочками», которых они пытаются раскрутить... Даже Акерманну не пришло бы в голову звонить Фреду на мобильник, чтобы спросить, как дела и сколько мы заработали.

Надо также сказать, что наши прощальные «междусобойчики», как правило, проходят более чем «оживленно».

Мы называем их «мухоморно-забористыми» — и этим все сказано.

Люди сбрасывают с плеч тонны стрессов, испытывая удовлетворение от проделанной работы — в углу стоят жестянки с километрами еще «тепленькой» пленки, мой менеджер улыбается — впервые за много месяцев. Ну как, скажите, тут удержаться? Вот народ и расслабляется...

Вначале я еще пытался «уболтать» Эмбер, но быстро понял, что перебрал и в койке буду не на уровне, а потому отступился.

Она виду не подала, но все просекла — это я точно знаю.

В какой-то момент, стоя перед зеркалом в сортире ресторана, я медленно произнес вслух ее имя, но вместо того, чтобы продышаться, умыть рожу холодной водой, пойти наконец к ней и сказать: «Когда я смотрю на тебя, у меня в животе холодеет, как на сцене перед залом в десять тысяч человек, так что ты это давай прекрати, лучше обними меня...» — вместо этого я купил у местного дилера порошка на две штуки и «зарядился» по полной программе.

Несколько месяцев спустя мы выпустили альбом... Не стану распространяться на эту тему — я теперь все хуже переношу такие моменты своей жизни, когда не могу оставаться наедине со своими глупыми вопросами и музыкой.

Фред заехал за мной, чтобы отвезти к Эмбер.

Она хотела показать нам отснятый на гастролях материал.

Мне было хорошо. Я ловил кайф от встречи с Вики, Нэт и Франческой, с которыми столько всего было отпето «вживую». Пути наши разошлись. Франческа хотела записать собственный альбом, и я — в который уже раз — на коленях поклялся сочинить для нее несколько «забойных» вещиц.

У Эмбер была крохотная квартирка, и гости сидели друг у друга на голове. Пили мы какую-то самодельную розовую текилу, которую гнал ее сосед по лестничной клетке, двухметровый аргентинец, беспрестанно улыбавшийся.

Я выпал в осадок при виде его татуировок.

Эмбер была на кухне, и я отправился к ней. Она спросила:

— Пришел помочь?

Я отрицательно покачал головой.

Тогда она сказала:

— Хочешь посмотреть фотографии?

Мне и на это хотелось ответить «нет», но я кивнул:

— Ну еще бы, конечно, хочу.

Она ушла к себе в комнату, а вернувшись, закрыла дверь на ключ и смахнула все барахло со стола на пол. С особым грохотом падали алюминиевые подносы.

Эмбер положила передо мной на стол картонную папку, села напротив.

Я раскрыл папку и увидел руки — свои руки, одни только руки и ничего больше.
Сотни черно-белых фотографий.

Мои руки на гитарных струнах, мои ладони, сжимающие микрофон, руки, повисшие как плети, руки, приветствующие толпу, руки, пожимающие чьи-то чужие ладони в кулисах сцены, сигарета в пальцах, мои ладони, касающиеся моего же лица, рука, дающая автограф, руки размахивающие, умоляющие руки, руки, посылающие воздушные поцелуи, и руки, колющие себе «дозу».
Огромные худые ручищи, с венами, похожими на синие реки.

Эмбер крутила в руках крышку от пивной бутылки, давила хлебные крошки на столе.
— Это все? — спросил я.
Впервые я смотрел ей прямо в глаза дольше секунды.

— Разочарован?
— Не знаю.
— Я снимала твои руки, потому что только они в тебе и уцелели.
— Неужели?
Она кивнула, и на меня пахнуло ароматом ее волос.

— А сердце?
Она улыбнулась, потянулась ко мне, перегнувшись через стол.

— А что, оно еще не разбито? — ответила она вопросом на вопрос с гримаской сомнения на лице.

В дверь постучали, послышался чей-то смех. Я узнал голос Луиса, который орал: *«Наам нужжен леед!»*

Я сказал:
— Надо бы проверить...
Они едва не вышибли дверь, эти придурки.

Она положила ладони на мои руки, взглянула на них, словно видела впервые. И произнесла:
— Этим мы сейчас и займемся.

УВОЛЬНИТЕЛЬНАЯ

Всякий раз когда я что-нибудь делаю, я думаю о моем брате и понимаю, что он сделал бы это лучше меня.

Этот кошмар длится уже двадцать три года.

Нельзя сказать, что меня это так уж сильно расстраивает — скорее, отрезвляет.

Вот, к примеру, сейчас я еду поездом №1458 из Нанси, у меня отпуск, первый за три месяца.

Служу я простым вестовым, тогда как мой брат был младшим офицером запаса, ел в офицерской столовой и приезжал домой на каждый уикенд. Ладно, проехали.

Так вот, о поезде. Когда я пришел в свое купе (а я заранее заказал билет на место лицом по ходу движения), там уже сидела какая-то тетка, разложившая на коленях пяльцы с вышивкой. Я промолчал. Сел напротив нее, с трудом запихнув свой огромный рюкзак в багажную сетку. Еще в купе была девушка — довольно милая, она читала роман о муравьях. В углу ее рта я заметил прыщ. Жаль, в остальном малышка была вполне ничего.

Я отправился в вагон-ресторан за сэндвичем.

А вот как бы все происходило, окажись на моем месте мой брат: он бы улыбнулся этой тетке самой обаятельной из всех своих улыбок и показал бы ей билет — прошу прощения, мадам, нет, возможно, это я ошибаюсь, но мне кажется, что... И она залебезила бы перед ним — ах, простите, ах, извините! — лихорадочно собирая свои вещички, и быстренько пересела бы на свое место.

Из-за сэндвича он бы закатил грандиозный скандал, сказав, что за 28 франков — нет, ну действительно! — они могли бы положить кусок ветчины потолще, и официант в смешном черном жилете немедленно поменял бы ему бутерброд. Я точно знаю, я видел брата в действии.

С девушкой он бы повел себя еще более изощренно. Просто взглянул бы на нее *так*, что она сразу бы поняла, что заинтересовала его.

Но при этом она бы точно знала, что он заметил и ее прыщик. И ей бы уже было нелегко сосредоточиться на муравьях, и она не стала бы сильно выпендриваться, если бы...

Но все это, конечно, произошло бы, только если бы он захотел.

Потому что в любом случае унтер-офицеры путешествуют обычно первым классом, а у девушек в первом классе вряд ли бывают прыщи на лице.

Я так и не узнал, произвели ли на эту птичку впечатление мои военные ботинки и бритая голова, потому что почти сразу заснул. Нас сегодня опять разбудили в четыре утра и отправили на гребаную пробежку.

Марк, мой брат, пошел в армию, отучившись три года на подготовительном отделении Инженерной школы. Ему было двадцать лет.

Я же отправился исполнять свой гражданский долг, когда после двух лет обучения получил диплом техника высшего разряда, перед тем как приступить к поискам работы в секторе электронной промышленности. Мне уже стукнуло двадцать три.

Кстати, завтра у меня день рождения.

Это мама настояла, чтобы я приехал. Я не очень-то люблю дни рождения — вырос уже. Но для нее — что ж, ладно.

Мама живет одна с тех пор, как отец бросил ее в день девятнадцатой годовщины их свадьбы, сбежав с соседкой. Это было сильно, ничего не скажешь.

Мне трудно понять, почему она так ни с кем и не сошлась. А ведь она могла бы, даже и сейчас может, но... не знаю. Мы с Марком говорили об этом однажды и решили, что она просто боится. Не хочет рисковать, опасается, что ее снова могут бросить. Какое-то время все к ней приставали, чтобы записалась в Клуб одиноких сердец, но она не захотела.

С тех пор мама взяла в дом двух собак и кошку, так что сами понимаете... С таким зверинцем найти приличного мужика... Миссия невыполнима!

Мы живем в Эссонне, неподалеку от Корбея, в маленьком домике у национальной автострады № 7. Ничего, место спокойное.

Мой брат никогда не говорит *«домик»* — только *«дом»*, так шикарнее.

Мой брат никогда не смирится с тем, что он родился не в Париже.

Париж. Только о нем он и говорит. Думаю, лучшим днем его жизни был тот, когда он купил себе свой первый проездной на пять зон. А по мне, что Париж, что Корбей — без разницы.

Одна из немногих вещей, которые я усвоил в школе, — это теория великого философа античности, который говорил: «Главное — не место, где находишься, а состояние духа, в котором пребываешь».

Помнится, он написал это одному своему другу, который захандрил и хотел уехать путешествовать. Так вот, философ ему написал — в общих чертах, — что, мол, не стоит, ты ведь потащишь с собой все свои заморочки. В тот день, когда учитель все это нам рассказал, моя жизнь изменилась.

Это было одной из причин, почему я выбрал профессию, в которой надо работать руками.

Предпочитаю, чтобы «думали» мои руки. Так проще.

В армии встречаешь кучу придурков. Я живу бок о бок с такими типами, каких в своей прежней жизни даже представить себе не мог. Я сплю с ними в одной казарме, умываюсь в одной ванной, ем за одним столом, иногда даже дурачусь вместе с ними, играю в карты, но все в них меня бесит. И дело тут не в моем снобизме, просто в этих парнях нет абсолютно ничего интересного. Я не о чувствах, говорить об эмоциях было бы просто оскорбительно, я имею в виду чисто человеческую ценность.

Я понимаю, что говорю коряво, но если попытаться выразить мою мысль одной фразой, то получится, что если любого из этих парней поставить на весы, то стрелка, конечно, отклонится, но на самом деле они не весят ровным счетом ничего...

В них нет ничего, что можно было бы счесть реальным и весомым. Они как призраки, прикоснись к ним, и рука пройдет насквозь, наткнувшись лишь на бурлящую пустоту. Хотя они, конечно, заявят тебе, что попробуй только их тронь — мало не покажется.

Пшик, пшик.

Вначале у меня была бессонница из-за всех их немыслимых жестов и слов, но теперь я привык. Говорят, армия меняет человека, так вот меня она сделала еще бо́льшим пессимистом.

Я не готов поверить ни в Бога, ни в еще какую Высшую силу, потому что невозможно сознательно создать то, что я каждый день наблюдаю в казарме Нанси-Бельфон.

Забавно, но я заметил, что мне особенно нравится размышлять, когда я еду поездом или электричкой... Хоть что-то хорошее в армейской жизни...

Прибывая на Восточный вокзал, я всегда втайне надеюсь, что меня кто-нибудь будет встречать. Глупо ужасно. Знаю ведь прекрасно, что мама в такое время еще на работе, а Марк — не из тех, кто попрется на вокзал, чтобы нести мой рюкзак, — и все равно жду, как полный кретин.

Ну вот, я снова в пролете. Прежде чем спуститься по эскалатору в метро, я в последний раз окидываю взглядом платформы, так просто, на всякий случай... На эскалаторе рюкзак, как всегда, кажется мне вдвое тяжелее.

Как бы мне хотелось, чтобы кто-нибудь где-нибудь ждал меня... В конце концов, это не так уж и сложно.

Ладно, пора бы уж мне добраться домой да всласть пособачиться с Марком, а то от всех этих мыслей у меня голова вот-вот лопнет. Выкурю-ка я пока сигарету на перроне. Это запрещено, я знаю, но пусть только попробуют что-нибудь сказать, я суну им в нос военный билет.

Я охраняю Мир, га-аспада! Я встал сегодня в четыре утра ради Франции, мадам.

На вокзале в Корбее тоже никого... Это уже полное свинство. Может, они забыли, что я приезжаю сегодня вечером?..

Пойду пешком. Общественный транспорт осточертел! Все общественное обрыдло.

По дороге встречаю парней, с которыми учился в школе. Они не лезут с рукопожатиями, оно и понятно: солдат все опасаются.

Я захожу в кафе на углу моей улицы. Если бы в свое время я не проводил здесь столько времени, у меня было бы меньше шансов оказаться через полгода клиентом Национального бюро по трудоустройству. В свое время меня гораздо чаще можно было увидеть за этим вот игровым автоматом, нежели на школьной скамье... Я дожидался пяти часов, когда обычно сюда подтягивались все те, кто целый день слушал трепотню преподавателей и продавал им мои бесплатные призовые партии. Им это было выгодно: за полцены они приобретали не просто партию, но и шанс вписать свое имя в список чемпионов.

Все были довольны, а на вырученные деньги я покупал свои первые сигареты. Клянусь, в такие моменты я сам себе казался королем. Королем придурков.

Хозяин кафе говорит мне:

— Ну как?.. Все еще в армии?

— Угу...

— Вот и хорошо!

— Угу...

— Заходи ко мне как-нибудь вечерком после закрытия, поболтаем... Я-то служил в легионе, то было другое время... Нас вот так запросто в увольнение не отпускали... Нет, это я тебе говорю...

И он отправился за стойку вспоминать войну, старый алкоголик.

Легион...

Я устал. У меня ноет спина от этого чертова рюкзака, лямки которого больно врезаются в плечи, а бульвар все никак не кончается. Когда я наконец добираюсь до дома, калитка заперта. Нет, ну это уже полный абзац. Я готов заорать от злости.

Я на ногах с четырех утра, я тащился в вонючих вагонах через полстраны, может, с меня на сегодня хватит?

Хоть собаки меня ждали. Бозо визжит и чуть не воет от радости, Микмак скачет как заведенный, подпрыгивая на три метра в высоту... Вот это я понимаю, радушный прием!

Я перебрасываю рюкзак через забор и перепрыгиваю сам, как в детстве. Собаки бросаются ко мне, и я — впервые за много недель — чувствую себя лучше. Итак, значит, есть на этой маленькой планете хоть кто-то, кто любит меня и ждет. Ко мне, мои сладкие! Да, ты самый красивый, моя умница...

Свет в доме не горит.

Ставлю рюкзак у своих ног на коврик и начинаю искать ключи, которые лежат где-то на самом дне под тоннами грязных носков.

Собаки бегут впереди меня по коридору, я хочу зажечь свет, но электричества нет.

Ч-ч-черт, черт, черт, черт...

И тут я слышу голос моего придурка братца Марка:

— Мог бы не ругаться при гостях...

В доме по-прежнему темно. Я спрашиваю:

— Что за хрень такая?..

— Нет, ну ты неисправим, рядовой второго класса Брикар. Говорят тебе, кончай ругаться! Ты не в казарме, вокруг тебя не деревенщина, так что следи за своим языком, иначе я не зажгу свет.

Свет зажигается.

Только этого мне не хватало. Все мои дружки и родственники выстроились в гостиной с бокалами в руках и поют хором «С днем рожденья, тебя!», а над ними сверкают разноцветные гирлянды.

Мама говорит:

— Мальчик мой, да поставь же наконец этот рюкзак.

И протягивает мне бокал вина.

Со мной впервые такое проделывают. Думаю, я выгляжу сейчас законченным идиотом.

Я пожимаю всем руки, целую бабушку и тетушек.

Добравшись до Марка, хочу дать ему тумака, но он не один, а с девушкой. Обнимает ее за талию. А я с первого же взгляда понимаю, что влюблен.

Хлопаю Марка по плечу, киваю на девушку и спрашиваю:

— Это мой подарок?

— Размечтался, придурок!

Я снова перевожу взгляд на *нее*. В животе у меня происходит что-то странное. Она красавица, и мне плохо.

— Ты ее не узнаешь?

— Нет.

— Да это же Мари, подружка Ребекки...

— ???

Она говорит мне:

— Мы были вместе в летнем лагере. В Гленане, помнишь?

— Нет, мне очень жаль. – Покачав головой, я оставляю их. Мне надо выпить. Срочно.

Помню ли я?! Занятия парусным спортом мне до сих пор снятся в кошмарах! Мой братец – лидер, любимец всех воспитательниц, загорелый, мускулистый, ловкий. Он ночью прочел брошюру о том, как ходить под парусом, и с первого раза все понял. Мой брат принимал картинные позы и улюлюкал, пролетая над волнами. Мой брат никогда не падал в воду.

Девчонки с их томными взорами и маленькими грудками, у которых все мысли были только об одном — о предстоящей прощальной вечеринке.

В автобусе каждая из них написала фломастером свой адрес на его руке, а он притворялся, что спит. Некоторые даже плакали на глазах у родителей, глядя, как Марк идет к нашей машине.

А я... У меня была морская болезнь.

Я прекрасно помню Мари. Однажды вечером она рассказывала подружкам, что застукала пару влюбленных голубков, когда те обжимались на пляже, и слышала, как хлопают трусики девушки.

— Как это «хлопают»? — спросил я, желая ее смутить.

А она посмотрела мне прямо в глаза, ухватила трусики за резинку прямо через платье, оттянула и отпустила.
Хлоп.
— А вот так, — ответила мне Мари, не отводя взгляда.
Мне было одиннадцать.
Мари.
Помню ли я... Хлоп...

Вечеринка шла своим чередом, мне все меньше хотелось говорить об армии. Чем реже я смотрел на Мари, тем больше мечтал к ней прикоснуться.

Я слишком много пил. Мама метнула в меня неодобрительный взгляд.

Я отправился в сад с несколькими одноклассниками. Поговорили о кассетах, которые собирались взять в прокате, о машинах, которые никогда не сможем купить. Майкл вот установил в своей «106-й» шикарное стерео.

Отдал почти десять тысяч — чтобы слушать «техно»...

Я уселся на железную скамейку. Мама каждый год заставляет меня ее перекрашивать. Говорит, она напоминает ей сад Тюильри.

Я курил, глядя на звезды. Я плохо знаю, как они называются, но при любой возможности ищу на небе те, что мне известны. Вообще-то, я знаю всего четыре.

Это еще одна вещь, которую я упустил на каникулах в Гленане.

Я заметил Мари издалека. Она мне улыбнулась. Я разглядывал ее зубки и форму сережек.

Садясь рядом, она спросила:

— Не возражаешь?

Я промолчал, потому что у меня снова заныл живот.

— Ты правда меня не помнишь?

— Неправда.

— Значит, помнишь?

— Да.

— Что именно?

— Помню, что тебе исполнилось тогда десять лет, что твой рост был 1 метр 29 сантиметров, что ты весила 26 кило, что годом раньше у тебя была свинка — тебя осматривал врач. Я помню, что ты жила в Шуази-ле-Руа и поездка к тебе на поезде обошлась бы мне в 42 франка. Я помню, что твою мать звали Катрин, а отца — Жак. Я помню, что у тебя была морская черепашка по имени Канди, а у твоей лучшей подруги — морская свинка Энтони. Я помню, что у тебя был зеленый с белыми звездами купальник и сшитый мамой халатик с твоими инициалами. Я помню, как ты плакала однажды утром, не получив с почтой письма. Я помню, что в последний вечер ты приклеила блестки на щеки и вы с Ребеккой исполняли номер под музыку Grease...

— Черт, да у тебя просто феноменальная память!!!

Она становится еще красивее, когда смеется. Она откидывается назад. Сует ладони под мышки, чтобы согреться.

— Вот, — говорю я и начинаю снимать свой огромный толстый свитер.

— Спасибо... а как же ты? Замерзнешь ведь!

— Обо мне не беспокойся.

Она теперь смотрит на меня совершенно иначе. Любая девушка поняла бы то, что она поняла в этот момент.

— А еще что ты помнишь?

— Помню, как ты сказала мне перед корпусом *«Оптимистов»*, что мой брат — хвастун.

— Да, правда, а ты ответил, что это не так.

— Потому что это не так. Марку многое легко дается, но он этим не бахвалится. Он просто это делает, и все.

— Ты всегда защищал брата.

— Так это же мой брат. Кстати, ты теперь тоже видишь в нем гораздо меньше недостатков, разве нет?

Она встала, спросив, можно ли ей оставить у себя мой свитер.

Я улыбнулся в ответ. Я был счастлив как никогда — несмотря на все трудности и мерзости моей жизни в данный конкретный момент.

Подошла мама, а я все улыбался, как полный болван. Она объявила, что будет ночевать у бабушки и что девочки должны спать на втором этаже, а мальчики — на третьем...

— Мам, мы вообще-то уже не дети, все будет в порядке...

— И не забудь проверить, в доме ли собаки, прежде чем закрывать на ночь дверь, и...

— Ну мама...

— Конечно, я волнуюсь: вы все слишком много пьете, а ты вообще безобразно напился...

— Теперь не говорят «напился», мама, говорят — «расслабился». Так вот, я расслабился...

Она ушла, пожимая плечами.

— Надень хоть что-нибудь, замерзнешь.

Я выкурил три сигареты, дав себе время подумать, и отправился к Марку.

— Эй...
— Что?
— Мари...
— Что?
— Оставь ее мне.
— Нет.
— Я сломаю тебе челюсть.
— Нет.
— Почему?
— Потому что сегодня ты слишком много выпил, а мне необходимо сохранить в полной неприкосновенности мою ангельскую физиономию — я в понедельник работаю.
— Почему?
— Потому что делаю доклад о взаимовлиянии газов в замкнутом пространстве.
— Что-что?
— Так-то вот.
— Соболезную.
— Да ладно.
— Ну а Мари?
— Мари? Она моя.
— Вот уж не уверен.
— Да что ты понимаешь!
— Я чую — шестое чувство рядового-артиллериста.

— А вот хрен тебе.
— Слушай, мне сейчас мало что светит. Да, я кретин, знаю. Но давай найдем компромисс хотя бы на сегодняшний вечер, ладно?
— Я думаю...
— Думай быстрее, не то я совсем спекусь.
— Думаю о настольном...
— Что-о?
— Мы сыграем на нее в настольный футбол.
— Не слишком галантно.
— Это останется между нами, гребаный джентльмен, отбивающий чужих подружек.
— Идет. Когда?
— Сейчас. В подвале.
— Сейчас?!
— Yes, sir.
— Ладно, только кофе себе сварю.
— И мне тоже...
— Конечно. И даже не стану писать в твою чашку.
— Чурбан ты армейский.
— Иди разогревайся. И попрощайся с ней.
— Отвянь.
— Не бойся, я ее утешу.
— И не надейся.

Мы выпили обжигающий кофе прямо на кухне. Марк пошел в подвал первым. Я сунул ладони в мешок с мукой, думая о маме, которая жарит для нас свиные отбивные в панировке. Знала бы она!

Потом мне, естественно, захотелось писать — ну ни фига себе, как теперь идти в сортир с руками, обсыпанными мукой? Да, тяжелый случай...

Прежде чем выйти на лестницу, я нашел взглядом Мари, чтобы взбодриться и настроиться на победу, посколько на флиппере я непобедим, а вот настольный футбол — это, пожалуй, конек брата.

Играл я позорно. Мука, призванная бороться с потом, превратилась в мерзкие белые катышки, облепившие мне пальцы.

Кроме того, Мари и все остальные присоединились к нам при счете 6:6, и тут я сломался. Я чувствовал ее присутствие у себя за спиной — и ладони предательски скользили по рычагам. Я ощущал аромат ее духов — и забывал о своих нападающих. Услышав ее голос, я пропускал гол за голом.

Когда брат довел счет до 10 в свою пользу, я смог наконец обтереть руки о собственную задницу — джинсы побелели от муки.

Марк, негодяй, смотрел на меня с искренним сочувствием.

«С днем рождения», — поздравил я себя.

Девушки заявили, что хотят спать, и попросили показать им их комнату. Я объявил, что лягу на диванчике в гостиной, чтобы спокойно прикончить бутылку, и попросил меня не беспокоить.

Мари посмотрела на меня. А я подумал: останься она ростом в метр двадцать девять и весом в двадцать шесть кило, я бы спрятал ее себе за пазуху и повсюду таскал бы с собой.

Потом дом затих. Один за другим погасли окна, то тут, то там слышались приглушенные смешки.

Мне казалось, что Марк с ребятами прикалываются — скребутся в дверь к девчонкам.

Я свистнул собакам и закрыл входную дверь на ключ.

Заснуть не удавалось. Ничего удивительного.

Я курил, лежа в темноте, освещаемой лишь огоньком горящей сигареты. Потом услышал какой-то шум. Вернее, шорох, словно кто-то зашуршал бумагой. Сначала я решил было, что это возится одна из собак. Я позвал:

— Бозо?.. Микмак?..

Ни ответа, ни привета, но звук усилился, причем к шороху добавился странный призвук — как будто скотч отклеивают.

Я сел, протянул руку, чтобы зажечь лампу.

Я брежу. Мари — голая — стоит посреди комнаты, прикрывая тело бумажками подарочных упаковок. На левой груди у нее голубой листок, на правой — серебряный, на руках — нарядная веревочка. Крафтовая бумага, в которую мама завернула мотоциклетный шлем — подарок мне на день рождения, служит Мари набедренной повязкой.

Она идет по комнате, ступая по обрывкам подарочных упаковок, мимо полных пепельниц и грязных стаканов.

— Что ты делаешь?
— А что, непонятно?
— Ну... вообще-то не очень...
— Ты разве не сказал, что хочешь получить подарок ко дню рождения?

Продолжая улыбаться, она обвязала талию красной тесемочкой.

Я как ужаленный вскочил с дивана и закричал:

— Эй, эй, не увлекайся!

Произнося эти слова, я спрашивал себя, что они означают: не прячь свое тело, оставь его мне, прошу тебя?

Или: давай притормози, знаешь, меня по-прежнему укачивает, а завтра я уезжаю в Нанси, так что сама понимаешь?..

ПРОИСШЕСТВИЕ

Лучше бы мне пойти спать, но я не могу.

У меня трясутся руки.

Думаю, мне следует написать что-то вроде отчета.

Я умею это делать. Раз в неделю, по пятницам после обеда, я составляю отчет о проделанной работе для Гийемена, моего шефа.

На сей раз я составлю отчет для себя самого.

Я говорю себе: «Если изложить все подробно, в деталях, если очень постараться, то, закончив и перечитав, можно будет хоть на пару секунд представить себе, что главный герой данной истории кто-то другой, не ты. И тогда, возможно, тебе удастся объективно оценить случившееся. Возможно».

И вот я сижу перед своим ноутбуком, которым обычно пользуюсь только по работе. Слышно, как внизу шумит посудомоечная машина.

Жена и дети давно легли. Дети наверняка спят, жена — точно нет. Она меня караулит. Пытается понять, в чем дело. Думаю, она напугана, потому что уже знает, что потеряла меня. Женщины чувствуют такие вещи. Но я не могу лечь, прижаться к ней и заснуть — и она это знает. Я должен написать все это прямо сейчас — ради тех самых двух секунд, которые, возможно, окажутся поворотными в моей судьбе... если получится.

Начну с самого начала.

Я устроился работать на фирму Поля Придо 1 сентября 1995 года. До этого я работал на его конкурента, но там было слишком много мелких раздражающих моментов — например, дорожные расходы оплачивались с задержкой в полгода! — так что в один прекрасный день я взял да и уволился к чертовой матери.

Почти год я сидел без работы.

Все думали, что я буду торчать дома, изнывая в ожидании звонка из бюро по трудоустройству.

А мне это время запомнилось как один из лучших периодов моей жизни. Я смог наконец заняться домашними делами. Сделал все, чего так долго и безуспешно добивалась от меня Флоранс: повесил карнизы для штор, оборудовал душ в задней части дома, взял напрокат мини-трактор, перекопал весь сад и посадил новый замечательный газон.

По вечерам я забирал Люка от няни, и мы шли за его старшей сестрой в школу. Я готовил детям обильные полдники с горячим шоколадом. Не с «Несквиком», а с настоящим какао, от которого у них на мордочках оставались роскошные усы. Перед умыванием они с восторгом разглядывали себя в зеркале, радостно слизывая сладкие следы.

В июне, осознав, что малышу скоро придет пора расстаться с мадам Леду и отправляться в детский сад, я начал искать работу всерьез и в августе нашел место.

В фирме Поля Придо я работаю торговым представителем и отвечаю за все Западное побережье. У него огромное предприятие по производству свиных деликатесов. В общем, он *колбасник* промышленного размаха.

Гениальное изобретение папаши Придо — это его свиной окорок, упакованный в красно-белую клетчатую салфетку. Ну да, конечно, и ветчину эту делают на заводе, и пресловутую «крестьянскую» холстину производят в Китае, но именно своим «окороком в салфетке» Поль и прославился, что подтверждают все маркетинговые исследования. Спросите любую хозяйку, бодро толкающую продуктовую тележку между стеллажами супермаркета, с чем ассоциируется у нее имя *Поль Придо*, и она без запинки ответит вам — с «ветчиной в салфетке», а если вы попросите ее развить мысль, она добавит, что ветчина эта лучше всех других из-за своего неповторимого вкуса «настоящей деревенской свинины».

Браво! Снимаю шляпу перед артистом колбасного дела.

Чистый годовой доход составляет тридцать пять миллионов.

Большую часть времени я провожу за рулем служебной машины. 306-я модель «пежо», черная, с изображениями веселой хрюшки по бокам.

Люди понятия не имеют, что такое жизнь на колесах по долгу службы.

Обитатели мира дорог бывают двух видов: это, так сказать, *праздноездящие* и мы — *труженики руля*.

Жизнь на колесах складывается из целого ряда вещей. Во-первых, это твои отношения с машиной.

Будь то малолитражка или же огромный немецкий полуприцеп, не важно: садясь в машину, ты оказываешься у себя дома. Внутри тебя встречают твой запах, твой собственный беспорядок, твое сиденье, которое раз и навсегда приняло форму твоей задницы, и никакие насмешки тут неуместны. Особая статья — бортовая рация, вещь в себе, безграничное загадочное королевство со множеством функций и команд, в которых мало кто до конца разбирается. Я редко ею пользуюсь, включаю, если уж только запахнет жареным.

Вторая составляющая нашей жизни — проблема питания. Харчевни «Белой лошади», придорожные ресторанчики, забегаловки «Ковчега». Блюда дня, кувшинчики дешевого вина, бумажные скатерки. Бесконечная вереница лиц — все эти люди, которых ты встречаешь там и никогда больше не увидишь вновь...

И попки официанток, известные все наперечет, изученные досконально, оцененные и расклассифицированные лучше, чем в «Мишлене».

А еще — усталость, привычные маршруты, одиночество и мысли, одолевающие тебя в дороге. Одни и те же, навязчивые и беспредметные.

Растущее брюхо, ну и шлюхи, конечно, куда без них.

По сути, это целая вселенная, и между ее обитателями и всем остальным человечеством высится непреодолимая стена.

Так вот, в общих чертах моя работа заключается в том, чтобы объезжать владения хозяина.

Я работаю в тесном контакте с товароведами продовольственных магазинов и супермаркетов. Вместе с ними я разрабатываю стратегию продвижения нашей продукции на рынке, определяю перспективы продаж, организую презентации.

Лично мне все это представляется чем-то вроде прогулки по улицам под ручку с красивой девушкой, достоинства которой ты расхваливаешь окружающим на все лады, словно подбирая ей достойную партию.

Но пристроить продукцию — это еще полдела, главное, чтобы ее грамотно продавали. Поэтому при случае я всегда проверяю продавщиц, смотрю, как представлен наш товар на витрине, где именно и в каком виде: раскрыта ли холщовая тряпица, как в телерекламе, не заветрились ли наши сосиски, разложен ли паштет по горшочкам на старинный манер, подвешены ли колбасы связками — так, словно их только что сделали и выставили на просушку. И то, и это, и еще многое другое...

Никто не обращает внимания на такие мелочи, а между тем именно они и отличают продукцию Поля Придо от всех остальных на рынке.

Знаю, я слишком увлекся описанием своей работы, а ведь должен рассказать совсем о другом.

Сегодня я занимаюсь свининой, но мог бы продавать помаду или шнурки. В моей работе мне нравятся общение с людьми, обсуждение проблем и поездки по стране. Главное для меня — не торчать целый день в офисе, чувствуя за спиной постоянное присутствие начальства. От одной только мысли о кабинетной работе я впадаю в тоску.

В понедельник, 29 сентября 1997 года я встал без четверти шесть утра. Бесшумно собрался, чтобы жена не ворчала. Только и успел, что быстро принять душ — времени оставалось в обрез: зная, что все равно придется заезжать на заправку, я хотел успеть проверить давление в шинах.

Кофе я выпил на заправке «Шелл». Терпеть этого не могу — от запаха дизельного топлива в сочетании с ароматом сладкого кофе меня всегда начинает подташнивать.

Первая встреча была назначена на половину девятого в Понт-Одемаре. Я помог сотрудникам «Перекрестка» обустроить стенд для демонстрации нашей новой продукции в вакуумной упаковке — новинка, которую наши специалисты разработали в соавторстве с одним известным шеф-поваром. (Знали бы вы, сколько он запросил за то, что его портрет в колпаке будет фигурировать на упаковке!)

Вторым пунктом назначения была промышленная зона Бург-Ашара, туда мне нужно было попасть к десяти.

Я слегка опаздывал, да еще и туман над автобаном никак не хотел рассеиваться.

Я выключил радио, потому что хотел спокойно пораскинуть мозгами.

Меня беспокоил предстоящий разговор — я знал, что тут мы столкнемся с серьезным конкурентом, и ни за что на свете не хотел провалить дело. Так сильно задумался, что едва не проскочил поворот.

В час дня мне позвонила жена — она была в совершеннейшей панике:

— Жан-Пьер, это ты?
— А кого ты ожидала услышать?
— Боже мой... У тебя все в порядке?
— Да к чему все эти вопросы?
— Из-за аварии, конечно! Я уже два часа пытаюсь дозвониться тебе на мобильный, но они говорят, что все линии отключены! Два часа я схожу с ума, как полная идиотка! Я уже раз десять звонила тебе на работу. Черт бы тебя побрал! Мог бы и сам позвонить, ты совсем обалдел от своей работы...
— Постой-постой, не кричи! О чем ты говоришь, объясни.

— Об аварии, которая произошла утром на А-13. Ты разве не по ней собирался ехать?

— Да о какой аварии?

— Не-ет, я действительно рехнусь!!! Это ведь ТЫ слушаешь целыми днями «Франс Инфо»!!! Только об этом столкновении все и говорят. Даже по телевизору! О чудовищной аварии, которая случилась сегодня утром недалеко от Руана.

— ...

— Ладно, все, я заканчиваю, у меня полно дел... Я весь день ничего не могла делать, уже представляла себя вдовой. Прямо-таки видела, как бросаю горсть земли в твою могилу... Твоя мать мне звонила, моя звонила... То еще выдалось утро.

— Милая, мне так жаль! Но на этот раз все обошлось... Еще немножко тебе придется потерпеть мою матушку.

— Ну что ты за идиот...

— ...

— ...

— И знаешь что, Фло...

— Да?

— Я тебя люблю.

— Ты никогда мне этого не говоришь.

— А сейчас я что делаю?

— Ладно, ладно... до вечера. И позвони матери, иначе в лучший мир отправится она.

В семь вечера я посмотрел региональный выпуск новостей. Ужас.

Восемь погибших и около шестидесяти раненых.

Машины, сплющенные, как бумажные стаканчики.

Сколько?

Пятьдесят? Сто?

Опрокинувшиеся на бок и сгоревшие дотла трейлеры. Десятки машин «скорой помощи». Жандарм, вещающий о неосторожном поведении на дороге, о превышении скорости, о предсказанном еще накануне тумане и о телах, которые до сих пор не удалось опознать. Растерянные, молчаливые, плачущие люди.

В восемь я прослушал заголовки новостей TF-1. Объявили уже о девяти погибших.
Флоранс кричит с кухни:
— Хватит! Довольно! Иди сюда.

Мы выпили вина, сидя за кухонным столом — сердце у меня к этому не лежало, но я хотел сделать жене приятное.
Только теперь меня настиг страх. Кусок в горло не лез, и я чувствовал себя как нокаутированный боксер.

Я никак не мог заснуть, и жена занялась со мной любовью — очень нежно.
В полночь я снова отправился в гостиную, включил без звука телевизор и начал обшаривать комнату в поисках сигарет.

В половине первого я слегка прибавил звук, чтобы прослушать последний выпуск новостей, и не мог отвести взгляда от нагромождения смятых в лепешку машин по обе стороны дороги.
Ну что за чертовщина...
Я говорил себе: «Все-таки люди — жуткие придурки».
А потом на экране появился парень в майке с надписью «Ле Кастелле». Никогда не забуду его лица.

И он заговорил, этот парень:

— Ну да, согласен, был туман, и, ясное дело, многие ехали слишком быстро, но все это произошло из-за придурка, сдавшего назад, чтобы вернуться к съезду на Бург-Ашар. Я все видел из кабины. Рядом со мной притормозили две машины, а в них, как в масло, впилились остальные. Хотите верьте, хотите нет, но в зеркале заднего вида я ни черта не мог разглядеть. Ни-че-го. Ноль. А эта сволочь сейчас, небось, дрыхнет себе спокойненько в своей постели.

Вот что он сказал. Мне.

Мне, Жану-Пьеру Фаре, сидевшему нагишом в собственной гостиной.

Это было вчера.

Сегодня я скупил все газеты. И прочел на третьей странице «Фигаро» за вторник, 30 сентября:

ПРЕДПОЛАГАЕТСЯ ОШИБКА ВОДИТЕЛЯ

Полиция полагает, что причиной крупной аварии на шоссе А-13, в которой погибли девять человек, стала ошибка водителя, давшего задний ход у съезда на Бург-Ашар. Этот маневр спровоцировал первое столкновение на полосе в сторону Парижа, после чего опрокинулся и загорелся бензовоз. Пламя привлекло внимание...

А вот что написала на третьей полосе «Паризьен»:

СТРАШНАЯ ВЕРСИЯ ОШИБОЧНОГО МАНЕВРА

Неосторожность, а вернее сказать, несознательность одного из участников дорожного движения могла стать причиной трагедии на автостраде А-13, в результате которой девять человек были извлечены мертвыми из-под чудовищного нагромождения смятого железа.

Свидетель сообщил жандармам, что видел собственными глазами, как в двадцати километрах от Руана некий водитель дал задний ход, желая повернуть на Бург-Ашар. Именно для того, чтобы избежать столкновения с его машиной...

Но добила меня «Либерасьон»:

Два человека погибли под колесами, пытаясь пересечь шоссе, чтобы оказать помощь раненым. За две минуты сотня легковых автомобилей, три грузовика...

Всего-то метров двадцать от силы, может, чуть-чуть заехал на разметку.
Всего-то несколько секунд. Я сразу обо всем забыл.
Боже мой...
Я не плачу.

Флоранс пришла за мной в пять утра.
Я все ей рассказал. Как же иначе.

Несколько мучительно долгих минут она сидела неподвижно, закрыв лицо руками.
Потом судорожно окинула взглядом комнату, словно задыхаясь, и сказала:
— Слушай меня внимательно. Ты никому ничего не скажешь. Иначе тебя обвинят в непреднамеренном убийстве и отправят в тюрьму.
— Да.
— И что? Что тогда? Что это изменит? Еще несколько жизней будут искалечены — только и всего! — Она плакала.
— В любом случае моя жизнь уже кончена.
Она зашлась в крике.

— Твоя — возможно, но не детей! И поэтому ты будешь молчать!

У меня не было сил даже на крик.

— Ладно, давай поговорим о детях. Посмотри вот на этого. Посмотри внимательно...

И я протянул ей газету со снимком малыша, рыдающего на автостраде А-13.

Маленький мальчик уходил прочь от разбитой вдребезги машины.

Обычный газетный снимок.

В рубрике «Происшествия».

— ...Он ровесник Камиллы.

— Боже мой, да прекрати же наконец! — кричит жена, хватая меня за воротник пижамной куртки. — Хватит нести чушь! Заткнись! Я хочу задать тебе один вопрос. Один-единственный. Кому будет хорошо от того, что ты сядешь в тюрьму? Ну ответь, кому?!

— Может, это хоть чуточку *их* утешит.

Она ушла в полном отчаянии.

Я слышал, как она закрылась в ванной.

Утром, глядя ей в глаза, я не знал, как быть, и только качал головой, но теперь, вечером, сидя в тишине дома и слушая, как гудит посудомоечная машина...

Я пропал. Все кончено.

Сейчас я спущусь вниз, выпью стакан воды, выкурю сигарету в саду. Потом вернусь к себе и перечитаю написанное...

Вдруг поможет?

Но я и сам в это не верю.

КЕТГУТ

Поначалу ничто не предвещало подобного развития событий. Я просто ответила на объявление в «Ветеринарной неделе», предлагающее временную работу на два месяца — август и сентябрь. А потом парень, которого я согласилась подменить, разбился на машине, возвращаясь из отпуска. Хорошо хоть ехал один.

Я осталась. А потом даже выкупила дело. С хорошей клиентурой. Нормандцы пусть и прижимисты, но платят всегда.

Нормандцы — они, как и все провинциалы, в своих взглядах консервативны до жути: у них уж коль что заведено, то на века... Ну а женщина-ветеринар — нет, это не годится! Кормить, доить и дерьмо выгребать — сколько угодно. Но уколы, отел, колики и воспаления — стоит трижды подумать, прежде чем с бабой связываться.

Ну вот они и присматривались. Не один месяц испытывали меня на прочность, но в конце концов признали.

Утром все просто. Я принимаю в кабинете. Основные пациенты в эти часы — кошки и собаки. Приводят их по разным причинам: одного просят усыпить, поскольку животное уж больно мучается, а отец семейства не решается сам сделать укол, другой пес стал «халтурить» на охоте, и надо бы с ним разобраться, третью животинку — но это самый редкий случай — нужно привить (парижская придурь!).

В самом начале хуже всего мне приходилось после обеда. Визиты. Стойло. Хлев. И выжидательно-недоверчивое молчание. Посмотрим, какова она в работе, тогда и определимся. Они и не думали скрывать своих сомнений, а за глаза наверняка надо мной издевались. Да уж, могу себе представить, сколько шуточек было отпущено в мой адрес в кафе и как они там потешались и над моей «наукой», и над стерильными перчатками. В довершение всех бед, у меня еще и фамилия подходящая — Лежаре[1]. Доктор Лежаре.
Есть над чем посмеяться.
Кончилось тем, что я плюнула на все свои конспекты и теорию и каждый раз просто молча ждала, пока хозяин снизойдет хоть до каких-то объяснений.
И еще купила гантели. Именно благодаря им я все еще здесь.
Если бы сегодня молодой ветеринар, мечтающий о сельской практике, попросил меня дать практический совет (что, конечно, маловероятно после всего, что стряслось), я бы ответила: накачивай мускулы, много мускулов, это главное. Корова весит от пяти до восьми центнеров, лошадь — от семи центнеров до тонны. Вот и вся премудрость.
Представьте себе корову, которая никак не может разродиться. И происходит все это, естественно, в

---

[1] Игра слов. По-французски le jarret — скакательный сустав у лошади.

ночи, холод стоит собачий, хлев — грязнее не придумаешь, и света почти никакого.

Ну вот.

Корова мучается, крестьянин страдает, корова-то — она ведь его кормилица. Но услуги ветеринара обойдутся ему дороже новорожденного «мяса», так что он еще подумает... Вы говорите:

— Теленок неправильно лежит. Нужно его повернуть — и все пойдет как по маслу.

В хлеву закипает жизнь, и стар, и млад спешат поприсутствовать на бесплатном спектакле. В кои-то веки хоть что-то происходит!

Корову привязывают. Крепко. Чтоб не вздумала лягаться. Вы раздеваетесь до майки и сразу замерзаете. Ищете кран и тщательно трете руки каким-то грязным обмылком. Натягиваете перчатки, длинные — до самых подмышек. Левой рукой упираетесь в огромную промежность, и — вперед!

Шарите в утробе в поисках теленочка весом эдак в шестьдесят, а то и в семьдесят кило и переворачиваете его. Одной рукой.

Операция удается не сразу и не быстро, но все-таки удается. Уже потом, попивая в тепле кальвадос и постепенно приходя в себя, вы с благодарностью вспоминаете свои гантели.

В другой раз переворотом дело не ограничится — придется резать, а операция стоит куда дороже. Хозяин посматривает на вас, и от вашего ответного взгляда зависит, какое решение он примет. Сумеете внушить ему доверие, уверенно махнув рукой в сторону машины — мол, пойду за инструментами, — он скажет «да».

Если же отводите глаза и всем своим видом демонстрируете желание уйти, ответит «нет».

А еще может случиться, что теленочек помер, не успев появиться на свет, и главное — не повредить корове, так что приходится, надев знаменитую перчатку, резать плод прямо в утробе и извлекать оттуда по кусочкам.

Нельзя сказать, что хорошо себя чувствуешь, возвращаясь домой после подобной «разделки».

Прошло несколько лет, кредит я, конечно, пока не выплатила, но дела идут неплохо.

Когда умер папаша Вильмё, я купила его ферму и слегка ее переоборудовала.

Я кое-кого встретила, но потом он меня бросил. Думаю, дело было в моих ручищах-лапищах.

Я взяла двух собак: первый пес явился сам, и мой дом ему понравился, второй успел хлебнуть горя, прежде чем я его «усыновила». Правит на ферме, естественно, второй. В окрестностях обитают также несколько кошек. Я их ни разу не видела, но миски они опустошают. Мне нравится мой сад — он слегка зарос, зато в нем много старых розовых кустов, не требующих особого ухода. Они чудо как хороши.

В прошлом году я купила садовую мебель из тика. Заплатила дорого, но она того стоит.

Иногда я встречаюсь с Марком Пардини, он преподает — уж не помню что — в местном колледже. Мы ходим с ним в кино или ужинаем в ресторане. Он строит из себя интеллектуала, и меня это здорово веселит, потому что сама я здесь давно уже превратилась в настоящую деревенщину. Марк снабжает меня книгами и дисками.

Время от времени мы занимаемся любовью. И это всегда бывает чертовски здорово.

Вчера ночью зазвонил телефон. Это оказались Бильбоды с фермы у дороги на Тианвиль. Парень очень просил приехать, мол, у них проблемы и дело не терпит отлагательства.

Сказать, что мне было неохота, — ничего не сказать. В прошлые выходные я дежурила, и получается, что вот уже две недели работаю без продыху. Ну да что поделаешь? Я поговорила с моими собаками — просто так, для поднятия духа, и сварила себе крепчайший кофе.

Еще только вытаскивая ключ из замка зажигания, я уже знала, что все пойдет не так. Свет в доме не горел, в хлеву было тихо.

Я подняла адский грохот, колотя в обитую железом дверь, — даже праведники и те проснулись бы. Как выяснилось — напрасно.

Он сказал: «У коровы-то моей с задницей все в порядке, может, твою проверим? У тебя-то там как, все на месте? Говорят, ты и не баба вовсе, а конь с яйцами, вот мы и решили проверить».

Двое других ужас как веселились.

Я не отводила взгляда от их обкусанных до крови ногтей. Думаете, они завалили меня на солому? Нет, все трое были слишком пьяны и боялись нагнуться, чтобы не упасть. Так что меня прижали к ледяной стене коровника — какая-то труба больно упиралась в спину. А уж как они дергались, пытаясь справиться с ширинками...

Жалкое зрелище.

Они причинили мне чудовищную боль. Словами мало что объяснишь, но я повторю, если кто вдруг недопонял: мне сделали ужасно больно.

Бильбодовский сучонок, когда кончил, сразу протрезвел.

— Да ладно, доктор, мы же пошутили, ну правда. Нечасто мы веселимся, да и мой шурин, он вот прощается с холостой жизнью, скажи, Маню!

Маню уже вовсю храпел, а его приятель снова присосался к бутылке.

Я ответила: «Ну да, конечно, я понимаю». Я даже похихикала вместе с ним, и он протянул мне фляжку. Сливовый самогон.

Спиртное лишило их сил, но я все равно сделала каждому укол кетамина. Не хотела, чтобы они дергались и мешали мне работать.

Потом надела стерильные перчатки и продезинфицировала инструменты бетадином.

Слегка оттянула кожу мошонки. Сделала скальпелем небольшой надрез. Вытащила яички. Отрезала. Аккуратно зашила все внутри кетгутом № 3,5. Вложила «хозяйство» обратно в мошонки и наложила швы. Очень чистая работа.

Хозяину фермы — тому, кто вызвал меня по телефону и был особенно груб, — я пришила его яйца к кадыку.

Было около шести, когда я зашла к соседке. Мадам Брюде была уже на ногах — ей семьдесят два года, она крепкая старушка, хоть и ссохлась от возраста.

— Меня какое-то время не будет, мадам Брюде, нужно, чтобы кто-то позаботился о моих собаках... и о кошках тоже.

— Надеюсь, ничего серьезного?

— Пока не знаю.

— С кошками-то проблем не будет, хоть вы и кормите их на убой, а это неправильно — пусть мышей ловят. А вот собаки у вас слишком большие, ну да ладно — если ненадолго, я их возьму.

— Я выпишу вам чек на их питание.

— Вот и хорошо. Положите за телевизор. Надеюсь, ничего страшного не случилось?

— Цццц, — ответила я с улыбкой.

И вот я сижу за своим кухонным столом. Сварила себе еще кофе и курю. Жду машину из жандармерии.

Надеюсь, они хоть сирену не станут включать.

ДЕВЕРМОН-МЛАДШИЙ

Его зовут Александр Девермон. Он розовощекий и белокурый юнец.

Вырос в тепличных условиях. Сто процентов туалетного мыла и зубной пасты «Колгейт», рубашки из чистого хлопка и ямочка на подбородке. Хорошенький. Чистенький. Настоящий молочный поросеночек.

Ему скоро двадцать. Обескураживающий возраст, когда еще кажется, будто нет ничего невозможного. Сколько иллюзий, сколько соблазнов... Но и сколько ударов еще предстоит получить.

Но только не этому розовощекому юноше, он другое дело. Жизнь никогда его не била. Его даже за уши никто не драл так, чтобы было по-настоящему больно. Он хороший мальчик.

Его мамаша много о себе понимает. Она говорит: «Алло, это Элизабет Девермон...» — отдельно произнося первый слог фамилии, будто еще надеется кому-то запудрить мозги. Размечталась... В наше время многое можно купить за деньги, но только не аристократическое происхождение!

Фамильную гордость не купишь. Это врожденное. Но мадам все-таки носит на пальце печатку с гербом.

Что за герб? Чей? Поди знай. На щите какая-то корона и несколько лилий. Французская ассоциация колбасников выбрала точно такой же для своего фирменного бланка, но мадам об этом не знает. Фу-у.

Папаша Девермон унаследовал семейный бизнес. Предприятие по производству садовой мебели из белой пластмассы. Мебель «Рофитекс».

Гарантированно не желтеет десять лет в любом климате.

Пластмасса — что и говорить, простовато, для кемпингов и пикников на лужайке. Куда шикарнее тиковое дерево: представляете, основательные скамьи, красиво темнеющие от времени и порастающие мхом под вековым дубом, который посадил еще прадед... Ну да ладно, что досталось, то досталось, выбирать не приходится.

Кстати, о мебели, это я, пожалуй, дала маху, когда сказала, что Младшенького не била жизнь. Было дело, было. Однажды, танцуя с девицей из хорошей семьи, тощей и породистой, как английский сеттер, он получил-таки щелчок по носу.

Это случилось на званом вечере, из тех, что устраивают мамаши, не считаясь с расходами, лишь бы их чада не соблазнились прелестями какой-нибудь Ханы, Лейлы и им подобных, от которых за километр несет если не серой, так кухней.

Так вот, вообразите нашего героя на таком вечере, в крахмальном воротничке и с потными ладонями. Он танцевал с этой девицей, изо всех сил стараясь не касаться ее живота своим гульфиком. Двигался враскачку и отбивал такт металлическими набойками дорогих туфель. В общем, понимаете — этак непринужденно. Молодо-зелено.

И тут эта фифа спросила его:

— А твой старик чем занимается? (Девушки всегда задают такой вопрос на подобных сборищах.)

Он ответил нарочито рассеянно, крутанув ее вокруг своей оси:

— Он президент и генеральный директор, может, знаешь, компания «Рофитекс»... Двести человек рабо...

Девица не дала ему договорить. Остановилась как вкопанная, вытаращив глаза:

— Постой... «Рофитекс»?.. Хочешь сказать... презервативы «Рофитекс»?!!

Вот тебе и на! Ничего себе!

— Нет, это садовая мебель, — отвечал он. Бедняга ожидал чего угодно, только не такого. Нет, ну что за дура эта девчонка! Набитая дура! На его счастье, музыка кончилась, и он смог ретироваться к буфету, чтобы запить шампанским нанесенное оскорбление. Нет, ну надо же!

А главное — и девица-то оказалась не того круга, проныра какая-то.

Двадцать лет. О господи!

* * *

Малыш Девермон дважды заваливал экзамены на аттестат зрелости, зато с водительскими правами у него полный порядок. Их он уже получил, причем с первого раза.

Не то что его брат — тот трижды пересдавал.

За ужином у всех хорошее настроение. Никто не надеялся, что все пройдет так гладко, ведь здешний инспектор — скотина порядочная. Вдобавок пьянчуга. Да, тут вам не столица.

Как и старший брат и все кузены до него, Александр сдавал на права во время школьных каникул, в имении у бабушки, потому что в провинции это обходится дешевле, чем в Париже. Почти тысяча франков разницы.

В общем, на сей раз пьянчуга инспектор был на мели, а потому подмахнул розовую бумажку, особо не ломаясь.

Александр сможет пользоваться маминым «гольфом», а если машина ей понадобится, то он всегда сможет взять старушку «пежо», которая стоит в сарае. Ничего, переживет.

Она ведь еще на ходу, хоть и воняет куриным пометом.

* * *

Каникулы подходят к концу. Скоро домой — в большую квартиру на авеню Моцарта, тянуть лямку учебы в частном коммерческом колледже на авеню Сакс. Хотя диплом этого заведения пока не котируется как государственный, зато название у него такое, что мало не покажется, аббревиатура такая, что закачаешься: что-то вроде ВШЭРП или ВШМСЗ (Высшая школа моей сладкой задницы).

За это лето наш молочный поросеночек сильно изменился. Он познал радости секса и даже начал курить.

«Мальборо Лайт».

Все дело в его новых друзьях: он закорешился с сыном богатого местного фермера Франком Менжо. Тот еще фрукт, скажу я вам. Хвастун, горлопан, задира и всегда при деньгах. Вежливо здоровается с бабушкой

Александра, а сам в это время похотливо косится на его юных кузин. Ну-ну...

Франк Менжо рад знакомству с Девермоном-младшим. Благодаря ему он теперь вхож в общество, на вечеринки с длинноногими красотками и шампанским из фамильных погребов вместо шипучки. Чутье подсказывает, что именно здесь стоит искать себе тепленькое местечко. Задние комнаты в кафе, неотесанные простушки, бильярд и сельскохозяйственные ярмарки — это все пройденный этап. А вот быть приглашенным на вечеринку к мадемуазель де Знамокто в замок Знамокакой — другое дело, ради этого стоит расстараться.

Девермон-младший тоже доволен дружбой с нуворишем. Благодаря ему он выписывает лихие виражи по гравию аллей в спортивном кабриолете, носится на бешеной скорости по дорогам Турени, делая ручкой местным олухам, чтобы посторонились на своих колымагах, и дерзит отцу. Он расстегнул лишнюю пуговку на рубашке и даже стал носить свой крестильный образок на цепочке — этакий крутой парень с нежным сердцем. Девушки млеют.

* * *

Сегодня вечером состоится Главный прием сезона. Граф и графиня де Ларошпуко дают бал в честь своей младшей дочери Элеоноры. Съедется весь цвет общества, от Майенны до самых дальних уголков Бери — сплошь аристократические фамилии. Наследниц состояний — хоть ложкой ешь.

Деньги. Не какой-то там дешевый пафос, а запах настоящих больших денег. Декольтированные платья, белые плечи, жемчуга, длинные суперлегкие сигареты и нервные смешки. Франк-иголка и Александр-нитка такой вечер, уж конечно, не пропустят.

Для них это целое событие.

В глазах этих людей даже самый богатый фермер все равно остается крестьянином, а самый образованный фабрикант — поставщиком. Тем приятнее будет угоститься их шампанским и побаловаться с их дочками в кустах. Девчонки-то не такие уж недотроги. Они ведут свой род непосредственно от герцога Бульонского и всегда не прочь продолжить последний крестовый поход.

У Франка нет приглашения, но Александр знаком с дворецким: никаких проблем, сунешь ему сотню и проходи, он даже, как принято в лучших домах, рявкнет твою фамилию, если пожелаешь.

Машина — вот загвоздка. Машина — весомый аргумент, чтобы уболтать девицу, которой не нравятся колючие кусты.

Если киске не хочется слишком рано возвращаться домой, она целует на прощание папочку и ищет рыцаря, который бы ее потом отвез. Без машины в этих местах, где люди живут за десятки километров друг от друга, тебе ничего не светит, так девственником и помрешь.

Только вот с машиной проблемы. Франк сегодня остался без своей красавицы — она в ремонте, а Александр лишился маминого автомобиля — мама укатила на нем в Париж.

Что остается? Небесно-голубой драндулет с вонючими белыми потеками на сиденьях и дверцах. На полу солома, на ветровом стекле наклейка «Охота — закон природы». Боже, какая гадость.

— А твой предок? Он дома?
— Уехал.
— А его тачка где?
— Ну... здесь, а что?
— Чего это она здесь?
— Жан-Раймон должен ее вымыть. *(Жан-Раймон — сторож.)*
— Так это ж классно!!! Возьмем тачку на один вечер, потом поставим на место. Все будет тип-топ, никто и не узнает.
— Не, Франк, ни за что. Не выйдет...
— Да почему?!
— Ты соображаешь, случись что, он же меня убьет. Нет-нет, ни за что...
— Да что может случиться, рохля ты несчастный? Ну что, по-твоему, может случиться?
— Нет-нет.
— Ё-моё, да кончай, чего ты заладил: «не» да «не». Всего делов-то — пятнадцать километров туда, пятнадцать обратно. Дорога прямая, время позднее, ни одной собаки не встретишь, сам посуди — чего бояться?
— Если что случится...
— Да что, ЧТО, черт побери, может случиться? Ну скажи мне, ЧТО? Я три года как права получил, ни разу ни одного прокола, понятно? Ни разу. Зуб даю, что все будет в порядке. — Франк подкрепляет свои слова соответствующим жестом.
— Не, так не пойдет. Отцовский «ягуар» — ни за что!
— Японский бог, это ж надо быть таким идиотом!
— ...
— Ну и что мы будем делать? Поедем к Ларош-каких-там в твоем вонючем курятнике на колесах?
— Ну да...

— Постой, но мы же должны захватить твою кузину и еще заехать за ее подружкой в Сен-Шинан?
— Угу...
— И ты думаешь, они сядут своими нежными попками на эти засранные сиденья?
— Да не...
— Ну ты понял?.. Берем тачку твоего старика, едем себе спокойненько, потом возвращаем ее по-тихому откуда взяли, и все дела.
— Не, не, «ягуар» — ни за что. *(Пауза.)* Только не «ягуар».
— Что ж, тогда я найду, с кем поехать. Ты совсем сдурел. Там будут такие кадры, а ты хочешь, чтобы мы явились на твоем фургоне для скотины. Еще чего не хватало. Да он вообще хоть на ходу?
— Угу, на ходу.
— Ё-моё, ну ты даешь...
Девермон-младший трет щеки.
— Без меня ты все равно туда не попадешь.
— Ну и хрен с ним, уж лучше совсем не ехать, чем на такой колымаге... Проверь, чтоб у тебя там кур внутри не осталось!

* * *

Обратный путь. Пять часов утра. Двое подвыпивших усталых парней, от которых пахнет табачным дымом и потом, но не сексом (что поделаешь, раз на раз не приходится).

Двое притихших парней на шоссе между Бонеем и Сиссе-ле-Дюком в департаменте Эндр-и-Луара.

— Ну что, видишь... не разбили мы ее... А?.. Видишь?.. И нечего было мозги компостировать, «не» да «не». Пускай себе старина Жан-Раймон завтра драит папочкину машину...

— Пфф... Толку-то... Могли и на той поехать...
— Да уж, с этим — облом...
Он чешет у себя в паху.
— ...И выбирать-то особо не из кого было, да?.. Вообще-то... я завтра с одной встречаюсь на корте, такая блондинка с большими сиськами...
— Какая это?
— Знаешь, та, которая...

Эта фраза так и осталась незаконченной, потому что некий кабан, здоровенный свин центнера в полтора весом, как раз переходил дорогу, почему-то не посмотрев, дурень такой, ни направо, ни налево.

Кабан очень спешил: наверно, тоже возвращался со своей кабаньей вечеринки и боялся, что папа с мамой будут сердиться.

Сначала они услышали визг тормозов, а потом — оглушительное «бам!» где-то спереди. Александр Девермон сказал:
— Писец.

Они открыли дверцы и вышли посмотреть. Кабан — наповал, правое переднее крыло — вдребезги, фары, бампер, решетка радиатора... Даже эмблема «ягуара» погнулась. Александр Девермон повторил:
— Писец.

Он был так пьян и так устал, что на большее его не хватило. Однако в этот момент он уже очень отчетливо, очень ясно осознавал, какие чудовищные неприятности его ожидают. Отлично осознавал.

Франк пнул кабана ногой в брюхо и буркнул:
— Не оставлять же его здесь. Возьмем с собой, хоть мяса привезем...

Александр захихикал:
— Угу, кабаний окорок — объеденье...

Смешного вообще-то было мало, положение скорее печальное, но обоих одолел неудержимый смех. Видно, от усталости да на нервной почве.

— То-то твоя мама обрадуется...
— Еще бы! Прямо запрыгает от радости!

Два оболтуса покатились со смеху и хохотали до упаду, до колик в животе.

***

— Ну что?.. Запихнем его в багажник?..
— Угу.

— Черт!
— Что еще?
— Там полно барахла...
— А?
— Забит он, говорю!.. Там клюшки для гольфа твоего старика и полно ящиков с бутылками...
— А, черт...
— Что будем делать?
— Давай его назад, на пол...
— А ничего?
— Угу, сейчас... Подстелю что-нибудь, чтоб подушки не измазать... Погляди-ка в багажнике, там вроде был плед...
— Чего?
— Плед.
— Чего это?
— Ну такой... в зелено-синюю клетку... там, в глубине...
— А! Одеяло... Так и говори, вечно вы, парижане, выпендриваетесь...
— Ну одеяло... Шевелись, не спи!

— Сейчас, давай помогу... Не хватало еще и кожаные сиденья изгваздать...
— Это точно. Тяжелый, гад!..
— Ну удивил!
— Он еще и воняет.
— А то, Алекс... Здесь тебе не Париж...
— Пошел на фиг.

Они сели в машину. Завелась она без проблем, видимо, двигатель не пострадал. И на том спасибо.

Но через несколько километров они натерпелись такого страху, такого... Сначала сзади зашуршало и захрюкало.

— Ё-моё, да он живой, — сказал Франк.

Александр ничего не ответил. Это было уж слишком. Перебор.

Кабан заворочался и начал приподниматься.

Франк резко затормозил и заорал:

— Сматываемся!

Он побелел как мел.

Одновременно захлопнув дверцы, они кинулись прочь от машины. Внутри был полный писец.

Полный писец.

Кремовые кожаные сиденья — в клочья. Руль искорежен вдрызг. Рычаг переключения скоростей из вяза ручной работы — в щепки, подголовники — вдребезги. Весь салон — вдребезги, вдребезги, вдребезги.

Девермон-младший влип.

Кабан вращал выпученными глазами, по его огромным клыкам стекала белая пена. Жуткое зрелище.

Приятели решили подкрасться к машине сзади, открыть дверцу и сразу вскочить на крышу. Может, это было и правильное решение, но осуществить его им было не суждено, потому что кабан успел наступить на кнопку, автоматически запирающую машину изнутри.

А ключ остался в замке зажигания.

Да... уж если не везет, так не везет.

Франк Менжо достал из внутреннего кармана своего шикарного пиджака мобильный телефон и скрепя сердце набрал номер службы спасения.

Когда спасатели приехали, кабан уже немного приутих. Слегка. Впрочем, ломать все равно уже было нечего.

Командир спасателей обошел машину. Такое даже ему нечасто случалось видеть. Не удержавшись, он заметил:

— Такая роскошная машина, да, жалко, ей-богу.

Дальше слабонервным лучше не читать...

Один из спасателей принес огромный карабин, вроде базуки. Велел всем отойти и прицелился. Стекло и кабана разнесло на кусочки.

Машину изнутри словно перекрасили в красный цвет.

Кровь была везде, даже в бардачке, даже между кнопками телефона.

Александр Девермон стоял столбом. Казалось, думать он больше не способен. Совсем. Ни о чем. Разве что мечтал провалиться сквозь землю или направить дуло базуки спасателя себе в грудь.

Но нет, думать-то он думал — о том, какие толки пойдут по округе и какая будет пожива экологам...

Надо сказать, что его отец был не только владельцем великолепного «ягуара», но и убежденным противником «зеленых», причем с серьезными политическими амбициями.

Потому что «зеленые» хотят запретить охоту, создать заповедник и еще черта лысого, а землевладельцам все это ножом по сердцу.

Он воюет с ними не жалея сил и на сегодняшний день эту войну почти выиграл. Еще вчера за обедом, разрезая жареную утку, он посмеивался:

— Так-то! Гроле и его прихвостни эту птичку больше в свои бинокли не увидят!!! Ха-ха-ха!

Но теперь... Разнесенный в клочья кабан в последней модели «ягуара» будущего муниципального советника — что ни говори, а это помеха. Согласитесь, какая-никакая, а помеха?

Даже стекла облеплены шерстью.

Спасатели уехали, полицейские уехали. Утром приедет эвакуатор и уберет этот... эту... в общем, серебристо-серую железяку с дороги.

**

Наши приятели бредут вдоль шоссе, забросив на плечо смокинги. Говорить не хочется. О чем говорить, когда такие дела, что лучше и не думать?

Франк спрашивает:

— Сигарету хочешь?

Александр отвечает:

— Давай.

Так они идут довольно долго. Солнце встает над полями, небо уже порозовело, но не все звезды еще погасли. Вокруг тишина, ни звука, только чуть шелестит трава — это кролики бегают в канавках.

И тут Александр Девермон оборачивается к своему другу и спрашивает:

— Ну а дальше?.. Та блондинка, что ты говорил... с большими сиськами... она кто?

И друг ему улыбается.

СКОЛЬКО ЛЕТ...

Сколько лет я думал, что этой женщины больше нет в моей жизни... Даже если она где-то близко, все равно — *ее нет*.

Что ее вообще больше нет на свете, что она живет очень далеко, что она никогда не была так уж хороша, что она осталась в прошлом. В том прошлом, когда я был юным романтиком и верил, что любовь — это навсегда, а моя любовь к ней сильнее всего на свете. Верил в весь этот вздор.

Мне было двадцать шесть лет, и я стоял на перроне вокзала. Я не понимал, почему она так плачет. Я обнимал ее, уткнувшись лицом в шею. Я думал, она горюет, потому что я уезжаю, и не может этого скрыть. Только через несколько недель, в течение которых, наплевав на гордость, я, как побирушка, донимал ее телефонными звонками и размазывал сопли в длиннющих письмах, я все понял.

Понял, что в тот день она дала слабину, потому что знала, что смотрит мне в лицо в последний раз, и плакала надо мной, над моей содранной шкурой. И что этот трофей не доставил ей удовольствия.

Много месяцев я на все натыкался.

Я ничего вокруг себя не замечал и на все натыкался. Чем больнее мне было, тем чаще натыкался.

Я был типичным отвергнутым влюбленным: все те пустые дни я усиленно делал вид, будто ничего не произошло. Вставал по утрам, вкалывал до отупения, ел, не ощущая вкуса еды, пил пиво с сослуживцами и даже отважно подтрунивал над братьями, в то время как любой из них мог одним словом выбить меня из колеи.

Но я вру. Какое, к черту, мужество — дурь это была: я ведь верил, что она вернется. Правда, верил.

Тогда я еще не знал, что на перроне вокзала воскресным вечером разбилось мое сердце. Я не находил выхода и натыкался на все подряд.

Прошли годы, но время меня не лечило. В иные дни я ловил себя на мысли: «Надо же!.. Странно... Кажется, вчера я ни разу не подумал о ней...» И вместо того, чтобы радоваться, недоумевал: как же мне удалось прожить целый день, не думая о ней? Ее имя постоянно всплывало в памяти. И два-три очень отчетливых воспоминания. Всегда одни и те же.

Это правда.

Я спускал ноги с кровати по утрам, ел, умывался, одевался и шел на работу.

Порой я даже с кем-то встречался и видел обнаженное девичье тело. Случалось. Но без нежности.

Эмоций — ноль.

А потом мне наконец повезло. Как раз тогда, когда было уже абсолютно все равно.

Мне встретилась другая женщина. Женщина, совсем не похожая на ту, влюбилась в меня, женщина с другим именем, и она решила сделать из меня человека.

Не спрашивая разрешения, она вернула меня к жизни и меньше чем через год после нашего первого поцелуя, случившегося в лифте во время какого-то конгресса, стала моей женой.

О такой женщине я и мечтать не мог. Честно говоря, просто боялся. Я больше никому не верил и, наверное, часто обижал ее. Я ласкал ее живот, думая не о ней. Приподнимал волосы на затылке и искал там другой запах. Она ни разу мне ничего не сказала. Она знала, что моя призрачная жизнь долго не протянет. Из-за ее смеха, из-за ее тела, из-за всей этой простой и бескорыстной любви, которой она щедро меня одаривала. Она оказалась права. Моя призрачная жизнь кончилась, и я зажил счастливо.

Она сейчас здесь, в соседней комнате. Она спит.

В профессиональном плане я достиг большего, чем мог себе представить. Вы скажете, что «терпение и труд все перетрут», что я «оказался в нужном месте в нужное время», что сумел принять необходимые решения, что... не знаю.

Как бы то ни было, удивленные и недоверчивые взгляды моих бывших сокурсников означают, что ничего подобного они от меня не ожидали: красивая жена, красивая визитная карточка и рубашки, сшитые на заказ... а ведь начинал практически на пустом месте.

В свое время я считался парнем, у которого одни девушки на уме, то есть, в общем-то... *одна* девушка; который на лекциях строчит ей без устали письма, а на террасах кафе не заглядывается ни на ножки, ни на грудки, ни на глазки, ни на что другое. Который каждую пятницу мчится на первый парижский поезд и возвращается в понедельник утром печальный, с темными кругами под глазами, проклиная расстояния и усердных контролеров. Да, для них я был скорее Арлекином, чем плейбоем, что верно, то верно.

Я так любил ее, что мне было не до занятий, и вот из-за того-то, что я запустил учебу, да и вообще ни о чем всерьез не думал, она меня и бросила. Наверное, решила, что будущее слишком... туманно с таким парнем, как я.

Глядя сегодня на выписки с моих банковских счетов, я убеждаюсь, что жизнь любит шутить с нами шутки.

Итак, я жил-поживал и добра наживал.

Разумеется, нам — вдвоем с женой или с друзьями — случалось, улыбаясь, вспоминать студенческие годы, фильмы и книги, повлиявшие на нас, и *наши юношеские увлечения* — давно позабытые лица, оставшиеся далеко в прошлом и случайно всплывавшие из глубин памяти. И цены в кафе, и тому подобное... Эту часть нашей жизни мы положили на полку. И иногда хвалились ею, показывая. Но я никогда не тосковал. Чего нет, того нет.

Помню, было время, когда я каждый день проезжал мимо дорожного указателя с названием города, в котором, насколько мне было известно, она все еще живет.

Каждое утро по пути на работу и каждый вечер по пути домой я поглядывал на этот указатель. Только поглядывал — и все. Ни разу не свернул. Подумывал об этом, не скрою, но даже мысль о том, чтобы включить поворотник, казалась равноценной плевку в лицо моей жене.

Но поглядывать я поглядывал, это правда.

А потом я сменил работу. И больше никакого указателя.

Но были всегда и другие причины, другие поводы. Всегда. Сколько раз на улице я оборачивался с замиранием сердца, потому что мне почудился мелькнувший силуэт, похожий... голос, похожий... волосы, похожие...

Сколько раз!

Я считал, что забыл ее, но стоило мне оказаться в одиночестве в более или менее тихом месте, как она приходила, и я ничего не мог поделать.

Как-то на террасе ресторана, с полгода назад, даже меньше, когда клиент, которого я пригласил, так и не пришел, я сам вызвал ее из моей памяти. Я расстегнул воротничок и послал официанта за пачкой сигарет. Крепких, горьковатых сигарет, которые курил тогда. Я вытянул ноги и попросил не убирать второй прибор. Заказал хорошего вина, кажется, «Грюо-Лароз»... Сидел, курил, сощурив глаза и наслаждаясь солнечным лучиком, смотрел, как она идет ко мне.

Смотрел и не мог насмотреться. И все это время думал о ней, о том, что мы делали, когда были вместе и спали в одной постели.

Никогда я не задавался вопросом, люблю ли я ее до сих пор, не пытался сформулировать, какие чувства к ней испытываю. Это было ни к чему. Но я любил эти свидания со своей памятью, когда оставался один. Я должен это сказать, потому что это правда.

На мое счастье, я при моем образе жизни не так уж часто остаюсь один. Разве что какой-нибудь болван клиент забудет о встрече или же мне случится ехать ночью одному в машине и при этом никуда не спешить. То есть практически никогда.

Даже если бы мне и захотелось вдруг поддаться минутной хандре и поиграть в ностальгию и вроде бы шутки ради отыскать, к примеру, ее номер в телефонном справочнике или сделать еще какую-нибудь подобную глупость, теперь я знаю, что это невозможно, потому что в последние годы я застрахован от безумств. Да так, что надежнее не бывает: детьми.

На моих детях я просто помешан. У меня их трое: старшая дочь, семилетняя Мари, вторая, Жозефина, которой скоро четыре, и младшенький, Иван, — ему нет еще и двух лет. Между прочим, это я вымолил у жены третьего ребенка, она, помнится, говорила, что устала, что будет тяжело, но я так люблю малышей, их лепет и мокрые поцелуи... «Ну пожалуйста, — умолял я, — роди мне еще ребенка». Она упиралась недолго, и уже за одно это я дорожу ею больше всех на свете, ближе нее у меня никого нет и не будет. Даже если я и не избавлюсь никогда от одной тени из моего прошлого.

Мои дети — лучшее, что есть у меня в жизни.

Какой-то давний роман в сравнении с этим ничего не значит. Ровным счетом ничего.

* * *

Вот так примерно я и жил, пока на прошлой неделе она не произнесла свое имя в телефонную трубку:
— Это Элена.
— Элена?
— Я не вовремя?

Я сидел с сынишкой на коленях, он тянулся к трубке и пищал.
— Мм...
— Это твой ребенок?

— Да.
— Сколько ему?
— ...Зачем ты мне позвонила?
— Сколько ему?
— Год и восемь месяцев.
— Я позвонила, потому что хочу с тобой увидеться.
— Ты хочешь увидеться?
— Да.
— Что за ерунда, что все это значит?
— ...

— Ты что, просто так взяла и позвонила? Подумала: как он там?.. Надо бы увидеться...
— Почти что так.
— Почему?.. Я хочу сказать, почему сейчас?.. Прошло столько...
— Двенадцать лет. Прошло двенадцать лет.
— Да. И в чем же дело?.. Что произошло? Ты проснулась? Чего ты хочешь? Хочешь знать, сколько лет моим детям, или остались ли у меня на голове волосы, или... или посмотреть, как на меня подействует твой звонок, или... или просто поболтать о старых добрых временах?
— Послушай, я не думала, что ты это так воспримешь, я вешаю трубку. Мне очень жаль. Я...
— Как ты узнала мой телефон?
— У твоего отца.
— Что?
— Позвонила твоему отцу и спросила твой номер, вот и все.
— Он тебя вспомнил?
— Нет. То есть... я не назвалась.

Я спустил сынишку с колен, и он ушел к сестрам в детскую. Жены дома не было.

— Подожди минутку... Мари! Надень ему пинетки, ладно? ...Алло! Ты здесь?

— Да.

— Ну?

— Что – ну?

— Ты хочешь увидеться?

— Да. Так... Посидеть где-нибудь или прогуляться...

— Зачем? К чему все это?

— Просто хочу тебя увидеть. Поговорить с тобой немножко.

— Элена?

— Да.

— Почему ты это делаешь?

— Почему?

— Да, почему ты мне позвонила? Почему так поздно? Почему именно сейчас? Тебе даже не пришло в голову, что у меня могут быть проблемы по твоей милости... Ты набираешь мой номер и...

— Послушай, Пьер. Я скоро умру.

— ...

— Я позвонила тебе сейчас, потому что я скоро умру. Не знаю точно когда, но осталось недолго.

Я отставил трубку от уха, глубоко вдохнул и попытался встать, но не смог.

— Это неправда.

— Правда.

— Что с тобой?

— О... долго объяснять. С кровью что-то... в общем, я уже сама толком не знаю что, запуталась в диагнозах... говорят, какая-то редкая штука.

Я спросил ее:

— Ты уверена?

— Ты что? Что ты нсссшь? Думаешь, я сочинила слезливую мелодраму, чтобы иметь повод позвонить тебе?

— Извини.
— Ничего.
— Может быть, врачи ошибаются?
— Да... Может быть. Хотя... не думаю.
— Как это могло случиться?
— Не знаю.
— Тебе плохо?
— Да так...
— Тебе плохо?
— Да, есть немного.
— Ты хочешь увидеть меня *в последний раз*?
— Да. Можно так сказать.
— ...
— ...

— Не боишься разочароваться? Может, лучше помнить меня... прежним?
— Молодым и красивым?

Я понял, что она улыбается.

— Вот именно. Молодым и красивым, без единого седого волоса...
— У тебя седые волосы?
— Да, кажется, целых пять.
— А! Ну это ничего, а то я испугалась! Ты прав. Не знаю, насколько это хорошая мысль, но я давно об этом думала... и поняла, что мне и правда было бы приятно... А мне в последнее время мало что приятно... так что я... я позвонила тебе.
— И как давно ты об этом думала?
— Двенадцать лет! Да нет... Шучу. Я думала об этом несколько месяцев. С тех пор как в последний раз вышла из больницы, если быть точной.
— Значит, ты хочешь меня увидеть?
— Да.
— Когда?

— Когда хочешь. Когда сможешь.
— Где ты живешь?
— Все там же. В ста километрах от тебя, насколько я помню.
— Элена...
— Что?
— Нет, ничего.
— Ты прав. Ничего. Так сложилось. Это жизнь, и я позвонила тебе не для того, чтобы копаться в прошлом или рассуждать о том, что было бы, если бы... Я... Я позвонила потому, что мне хочется еще раз увидеть твое лицо. Вот и все. Знаешь, как люди возвращаются в городок, где прошло их детство, или в родительский дом... или еще куда-то, где произошло нечто значительное в их жизни.
— Вроде как паломничество, понятно.
Я вдруг понял, что голос у меня изменился.
— Вот именно. Паломничество. Представь, что твое лицо — это то, что много значило в моей жизни.
— Паломничество — это всегда грустно.
— Откуда ты знаешь? У тебя что, есть опыт?
— Нет. Хотя да. В Лурд...
— А, ну да, ясно... как же, Лурд, конечно...
Она изо всех сил старалась сохранять насмешливый тон.

Я слышал, как малыши сцепились в детской, и мне совершенно не хотелось больше разговаривать. Не терпелось повесить трубку. Наконец я выдавил из себя:
— Когда?
— Как скажешь.
— Завтра?
— Если хочешь.
— Где?

— Где-нибудь на полпути между нашими городами. В Сюлли, например...

— Ты можешь водить машину?

— Да. Я могу водить машину.

— А что там есть, в Сюлли?

— Да ничего особенного, наверное... посмотрим. Проще всего встретиться у мэрии...

— В обед?

— Ох, нет. Есть со мной не очень-то весело... — Она опять вымученно рассмеялась. — ...Лучше после обеда.

* * *

Он не смог заснуть в эту ночь. Смотрел в потолок широко открытыми глазами. Только бы они остались сухими. Только бы не заплакать.

Нет, не из-за жены. Он боялся другого, боялся, что заплачет о конце своей потаенной жизни, а не о конце этой женщины. Он знал, что если заплачет, то уже не остановится.

Нельзя открывать шлюзы. Ни в коем случае. Ведь уже столько лет он гордится собой и не приемлет слабости в людях. В других. В тех, что сами не знают, чего хотят, и вязнут в своих комплексах.

Столько лет он, дурак, с нежностью оглядывается на свою молодость. Столько лет думает о ней с притворно-снисходительной улыбкой и делает вид, будто что-то понял. Хотя ни черта он не понял.

Он прекрасно знает, что любил только ее и только ею был любим. Что она — его единственная любовь, и с этим ничего не поделаешь. Что она выбросила его из своей жизни, как ненужный хлам. Что ни разу потом она не протянула ему руки, не написала ни слова ради того, чтобы помочь ему оправиться от удара. Чтобы признаться, что не такая уж она замечательная. Что он заблуждался на ее счет. Что он лучше нее. Или что она совершила величайшую в своей жизни ошибку и втайне жалеет об этом. Он знал, как она горда. Так и не сказала, что все эти двенадцать лет тоже мучилась, а вот теперь скоро умрет.

Он изо всех сил сдерживал слезы, и в голову лезло невесть что. Вот именно. Невесть что. Жена, повернувшись на бок, во сне положила руку ему на живот, и он тут же разозлился на себя за все эти бредни. Ну и что, что он любил другую и был любим, ну и что? Он смотрит на лицо спящей жены, берет ее руку и целует. Она улыбается, не просыпаясь.

Нет, грех ему жаловаться. И нечего лгать себе. Страсть, романтика — все хорошо в свое время. Но с этим покончено, так-то вот. И вообще, завтра после обеда не очень удобно, завтра встреча с партнерами из «Сигмы-2». Придется отправить вместо себя Маршерона, а не хотелось бы, потому что этот Маршерон...

Он не смог заснуть в эту ночь. Он думал о массе вещей.

Так он мог бы объяснить свою бессонницу; вот только вокруг все как-то потускнело, ничего не видно, и он, как всегда, когда ему больно, снова на все натыкается.

* * *

Она тоже не смогла заснуть в эту ночь, но она привыкла. Она теперь почти не спит. Потому что недостаточно утомляется днем. Это врач так говорит. Ее сыновья у своего отца, и она ничего не делает, только плачет.

Плачет. Плачет. Плачет.

Она не сдерживается, дает себе волю, она хочет выплакать себя всю. Наплевать, скоро будет легче, пора уже, пусть врач сколько угодно говорит, что она не утомляется, ни черта он не понимает — в своем стерильном халатике, со своими замысловатыми словечками. На самом же деле она до смерти устала. До смерти.

Она плачет, потому что наконец позвонила Пьеру. Она всегда находила возможность узнать его телефон и, бывало, набирала десять цифр, отделявших ее от него, слышала его голос и сразу вешала трубку. А однажды она даже следила за ним целый день, потому что ей хотелось знать, какой у него дом, какая машина, где он работает, как одевается, какое у него настроение. И за его женой следила тоже. Пришлось признать, что та красивая, веселая и у них есть дети.

Она плачет потому, что сегодня ее сердце снова забилось, а она уже давно не верила, что это возможно. Жизнь обошлась с ней куда более сурово, чем можно было ожидать. Она узнала, что такое одиночество. Она думала, что теперь слишком поздно, чтобы что-нибудь чувствовать, что все растрачено. Особенно с тех пор, как они вдруг засуетились — после обычного анализа крови, когда она просто показалась врачу, ничего особенного, неважно себя чувствовала. Всем, от рядовых докторов до медицинских светил, было что сказать о ее болезни, но практически нечего о том, как ей помочь.

У нее столько причин плакать, что даже думать об этом не хочется. В этих слезах вся ее жизнь. И, чтобы не стало совсем худо, она говорит себе, что плачет просто потому, что хочется поплакать, вот и все.

* * *

Она уже ждала, когда я подошел, и улыбнулась мне. Сказала: «Кажется, впервые я не заставляю тебя ждать, вот видишь, никогда не надо терять надежду», — а я ответил, что и не терял.

Мы не поцеловались. Я сказал ей: «Ты совсем не изменилась». Прозвучало глупо, но я действительно так думал, мне только показалось, что она стала еще красивее. Очень бледная, и видны все голубые жилки вокруг глаз, на веках и на висках. Она похудела, и лицо стало тоньше, чем раньше. Она выглядела более сдержанной по сравнению с той, живой как ртуть, которую я помнил. Она не отрываясь смотрела на меня. Хотела, чтобы я говорил, хотела, чтобы я помолчал. И все время улыбалась мне. Ей хотелось смотреть на меня, а я маялся, не зная, куда девать руки, не зная, можно ли закурить или дотронуться до ее пальцев.

Городишко оказался настоящей дырой. Мы прошлись немного, до сквера.

Мы рассказывали друг другу, как жили все эти годы. Довольно сбивчиво. О многом молчали. Она задумывалась, подбирая слова. Потом вдруг спросила меня, в чем разница между разбродом и шатанием. Я не знал. Она махнула рукой: ладно, не важно. И сказала, что от всего этого стала то ли желчной, то ли жесткой, во всяком случае, совсем не такой, какой была раньше.

О ее болезни мы почти не упоминали — только один раз, когда она заговорила о своих детях и сказала, что это не жизнь для них. Не так давно она хотела сварить им вермишель, но даже этого не смогла сделать, потому что кастрюля с водой оказалась неподъемной. И вообще, это не жизнь. Слишком много горя.

Она заставила меня рассказать о жене, о детях, о работе. Даже о Маршероне. Ей все хотелось знать, но я прекрасно видел, что она меня почти не слушает.

Мы сели на облупленную скамейку у фонтана, который не работал, по всей видимости, с самого дня открытия. Неприглядная картина. Унылая и неприглядная. Стало сыро, и мы ежились, пытаясь согреться.

Наконец она встала, сказала, что ей пора.

Она сказала: «У меня к тебе одна просьба, всего одна. Мне бы хотелось почувствовать тебя». Я ничего не ответил, и тогда она призналась, что все эти годы мечтала почувствовать меня, вдохнуть мой запах. Я держал руки глубоко в карманах плаща, потому что иначе я бы...

Она зашла мне за спину и наклонилась к моим волосам. Она так и стояла, а я чувствовал себя хуже некуда. Потом ее нос ткнулся в ямку моего затылка, прошелся вокруг головы, медленно, не спеша, а потом она скользнула ниже, вдоль шеи, к воротничку рубашки. Она вдыхала, а руки тоже держала за спиной. А потом она развязала на мне галстук и расстегнула две верхние пуговицы рубашки, и я почувствовал, как кончик ее носа холодит мне кожу над ключицами, и я... я...

Я, кажется, дернулся. Она выпрямилась за моей спиной и положила обе ладони мне на плечи. И сказала: «Я сейчас уйду. Пожалуйста, не двигайся и не оборачивайся. Очень тебя прошу. Очень».

Я не двинулся с места. Я и сам не хотел оборачиваться: не хватало только, чтобы она увидела мои распухшие глаза и перекошенную физиономию.

Я сидел довольно долго, потом встал и пошел к своей машине.

ДИВАН-КРОВАТЬ

Вот уже пять с половиной месяцев я хочу Сару Брио, ответственную по продажам.

Может, мне следовало бы сказать: вот уже пять с половиной месяцев я *влюблен* в Сару Брио, ответственную по продажам? Не знаю.

Все это время, стоит мне о ней подумать, и у меня встает, да еще как встает, а поскольку такое со мной впервые, я не знаю, как назвать это чувство.

Сара Брио догадывается. Нет, у нее, конечно, не было случая дотронуться до моих штанов (вернее, до их содержимого!) или почувствовать это как-то иначе, но она догадывается.

Сара, естественно, и не подозревает, что во вторник моим мучениям исполнится пять с половиной месяцев, она не так привязана к цифрам (я бухгалтер, так что сами понимаете...). Но я знаю, что она знает, потому что Сара — та еще штучка.

Раньше ее манера разговаривать с мужчинами меня шокировала, а теперь приводит в отчаяние. Она говорит с ними так, словно на ней специальные очки (как у супермена — просвечивающие насквозь), позволяющие ей точно определять длину члена собеседника. Я имею в виду размер в состоянии покоя, конечно.

Ну в общем, сами понимаете, все это создает довольно своеобразную обстановку в конторе... Можете себе представить.

Она пожимает вам руку, отвечает на ваши вопросы, улыбается, даже пьет с вами кофе из пластикового стаканчика в кафешке, а вы, как полный идиот, все это время только и думаете, как бы поплотнее сдвинуть колени или закинуть ногу за ногу. Полный идиотизм.

Но хуже всего то, что она-то все время смотрит вам прямо в глаза, не отрываясь. Только в глаза.

Сара Брио не красавица. Она хорошенькая. А это разные вещи.

Она невысокого роста, блондинка — правда, любому дураку ясно, что это не натуральный цвет ее волос, а результат мелирования.

Как большинство девушек, она часто носит брюки, причем предпочитает джинсы. А жаль...

Сару можно, пожалуй, назвать пухленькой. Я часто слышу, как она обсуждает по телефону с подружками разные диеты (говорит она громко, а поскольку мой кабинет рядом, то я оказываюсь в курсе всего).

Так вот, она считает, что ей необходимо сбросить четыре кило, чтобы весить пятьдесят. Я целыми днями об этом думаю, даже записал в своем ежедневнике, пока слушал Сарину болтовню: «54!!!»

Я узнал, что предмет моей страсти уже испробовала метод Монтиньяка и что ей «ужас как жалко зря потраченных денег — целых 100 евро!», что она вырвала из апрельского номера Biba странички со специальными *похудательными* рецептами Эстеллы Холлидей, что на ее крохотной кухоньке висит гигантский плакат, на котором указано количество калорий всех существующих продуктов питания, и что она даже купила маленькие кухонные весы, как того требует диета «весонаблюдателей»...

Сара частенько обсуждает эту животрепещущую тему со свой подружкой Мари — та, насколько я понял, высокая и тощая. (Между нами говоря, эти их разговоры — полный бред: ну что, скажите на милость, может ответить Саре ее приятельница-вешалка?)

В этом месте моего рассказа многие подумают: да что он вообще нашел в этой девице?

О-о-о, как бы я их устыдил!

На днях я слышал, как Сара Брио смеялась до слез, рассказывая (может, той же самой Мари?), что отдала весы своей мамочке, чтобы та напекла ей «чудных воскресных пирогов»! Она веселилась от души.

К тому же Сара Брио вовсе не вульгарна, нет, она привлекательна. Ее так и хочется приласкать, а это, согласитесь, редкий случай.

Так что заткнитесь.

* * *

За неделю до Дня матерей[1] во время обеденного перерыва я бродил по отделу женского белья в «Галери Лафайетт». Продавщицы с красными розочками, приколотыми к отворотам блузок, были начеку и цепким взглядом профессионалок выискивали в толпе нерешительных папаш.

Зажав портфель под мышкой, я играл в игру «Чтобы-я-купил-Саре-Брио-будь-я-ее-мужем»?..

---

[1] День матерей отмечается во Франции в последнее воскресенье мая.

«Лу», «Пассионата», «Симон Перель», «Лежаби», «Обад»... от разнообразия марок белья голова у меня шла кругом.

Некоторые вещички казались мне слишком вызывающими (все-таки День матерей!), в других мне не нравился цвет или раздражала продавщица (ну да, тональный крем — вещь неплохая, но надо же и меру знать!).

Не говоря уже о всех тех моделях, предназначение которых вообще оставалось для меня загадкой.

Я плохо представлял себе, как стал бы в порыве страсти расстегивать все эти крошечные кнопочки, и так и не смог разобраться, как следует поступать с поясом для чулок (как правильно: нужно его снимать или нет?).

Меня бросило в жар.

В конце концов я выбрал для будущей матери моих детей комплект из бледно-серого шелка от Кристиана Диора. Классная вещь.

— Какой у мадам размер бюстгальтера?
Я зажал портфель между коленями.
— Примерно... примерно вот такой, — ответил я, держа ладони сантиметрах в пятнадцати от своей груди.
— Вы что, не знаете? — сухо переспросила продавщица. — Какой у нее рост?
— Ну, она достает мне... почти вот досюда, — сказал я, кивнув себе на плечо.
— Понимаю *(на ее лице отразилось недоумение)*... Итак, я даю вам 90С, возможно, он будет великоват, но мадам сможет в любой момент обменять покупку. Только сохраните чек, хорошо?
— Благодарю вас. Это то, что нужно, — произнес я уверенным тоном папаши, который каждое воскресе-

нье возит детишек в лес и никогда не забывает флягу с водой и непромокаемые курточки.

— А как мы поступим с трусиками? Что вам больше нравится: классическая модель или «танга»? Кстати, у нас есть и «стринги», но я не думаю, что вы...

Полегче, мадам Мишлин из «Галери Лафайетт»! Сразу видно — ты не знаешь Сару Брио из компании «Шопар и Минон». Девушку, которая смело всем демонстрирует свой пупок и никогда не стучится, входя в чужой кабинет.

Однако, когда продавщица показала мне «стринги», я чуть не рухнул. Нет, такое надеть невозможно! Это же орудие пытки... Я выбрал трусы «танга», «которые в этом сезоне выглядят как «бразильские», но сидят на бедрах, сами видите. Вам подарочную упаковку, мсье?»

Так-то вот.

Уф...

Я засунул маленький розовый пакетик в портфель между двумя папками и планом Парижа и вернулся на свое рабочее место.

Ничего себе перерывчик получился.

Ладно, по крайней мере, когда у нас появятся дети, выбирать ей подарок станет легче. Мне придется отговаривать их: «Нет, ребята, только не вафельница... умоляю...»

* * *

Мерсье, мой коллега из экспортного отдела, как-то раз обронил:

— Она тебе нравится, да, старина?

Мы сидели у Марио, пересчитывали талоны на питание, и этот кретин решил изобразить из себя эдакого рубаху-парня и поиграть со мной в *«Давай-ка-выкладывай-мне-все-уж-я-тебе-помогу»*.

— У тебя губа не дура!

У меня не было желания с ним разговаривать. Ни малейшего.

— Она вроде добрая девушка... *(Он многозначительно подмигнул.)*

Я неодобрительно покачал головой.

— Мне Дюжуаньо говорил...

— Дюжуаньо с ней встречался!

Я сбился в своих подсчетах.

— Да нет же, ему рассказал Мовар, он-то с ней спал, и, скажу тебе... — Мерсье неопределенно помахал рукой в воздухе и, гаденько округлив губы, с чувством произнес: — О-го-го... Очень даже знойная девушка... эта Брио, и взгляд у нее такой... призывный, ничего не скажешь... Она такое вытворяет... словами и не опишешь...

— Вот и не описывай. А кто такой этот Мовар?

— Он работал в рекламном отделе, но ушел еще до тебя. Мы для него оказались слишком маленькой фирмой, представляешь...

— Еще бы.

Бедняга Мерсье. Никак не успокоится. Должно быть, рисует сейчас в своем воображении картинки разных сексуальных поз.

Бедняга Мерсье. Мои сестры между собой придумывают тебе всякие неприличные прозвища и до сих пор хихикают, вспоминая твой «форд таурус».

Бедняга Мерсье, который пытался охмурить Мириам, а сам носит на пальце золотую печатку с выгравированными на ней собственными инициалами!

Бедняга Мерсье. Ты все еще надеешься сойтись с умной девушкой и при этом ходишь на первые свидания с болтающимся на поясе мобильником в пластиковом чехле и автомагнитолой под мышкой.

Бедняга Мерсье. Знал бы ты, *что* мои сестры говорят о тебе... конечно, когда они о тебе говорят.

* * *

Никогда не знаешь, как все повернется и почему иной раз какой-то вроде бы пустяк приобретает вдруг катастрофические масштабы. Почему-то события порой совершенно выходят из-под контроля. Вот так и моя жизнь — изменилась в мгновение ока из-за каких-то там ста пятидесяти граммов серого шелка.

* * *

Вот уже пять лет и скоро восемь месяцев я живу вместе с сестрами в квартире общей площадью 110 м^2 недалеко от станции метро «Конвансьон».

Сначала я делил кров с моей младшей — Фанни. Она моложе меня на четыре года и учится на медицинском факультете Сорбонны. Так придумали наши родители — из экономии и ради собственного спокойствия, чтоб быть уверенными, что малышка не потеряется в Париже, ведь до того она ничего, кроме Тюля с его кафешками, своего лицея да ярко разукрашенных мопедов в жизни своей не видела.

Я хорошо уживаюсь с Фанни, потому что она молчаливая девочка. И покладистая.

Нужен пример — пожалуйста. Если на неделе, когда по кухне «дежурит» Фанни, я вдруг приношу на ужин камбалу — просто потому, что мне ее ужасно захотелось, — она не начинает ныть, что я-де нарушил все ее планы. Фанни с легкостью подстраивается под меня.

С Мириам все немного по-другому.

Мириам — это моя старшая сестра. Разница в возрасте у нас — меньше года, но, если вы увидите нас вместе, ни за что не подумаете, что мы родные брат и сестра. Мириам говорит, не закрывая рта. Мне даже кажется, что она малость чокнутая, ну да это неудивительно: Мириам у нас художник...

После Академии изящных искусств она занималась фотографией, делала коллажи из пеньки и металлической стружки, снимала абстракционистские клипы объективом, заляпанным краской, увлекалась боди-артом, занималась дизайном с неким Лулу де Ларошеттом (?), ходила на демонстрации, лепила и ваяла, танцевала и что-то там еще, чего я уже и не вспомню.

В последнее время она рисует картины. Я не могу разобрать, что на них изображено, даже сильно прищурившись, но Мириам заявляет, что у меня отсутствует артистическая жилка и я просто не умею видеть прекрасное. Ну и ладно.

В последний раз мы поругались, когда ходили вместе на выставку Болтански (вот ведь додумалась — повести меня смотреть... это. Я, естественно, выглядел полным идиотом и ломал себе голову в догадках, зачем же она меня туда привела).

Мириам — чистой воды мартовская кошка: с пятнадцати лет она каждые полгода (то есть уже тридцать восемь раз, если я правильно считаю) знакомит нас с Мужчиной своей мечты — Настоящим, Самым Добрым, Белым и Пушистым... Свадьба, фата... На этот раз наверняка. Точно. Других — не будет!

Всю Европу собрала, просто Интернационал какой-то: Ян был шведом, Джузеппе — итальянцем, Эрик — голландцем, Кико — испанцем, а Лоран приехал из Сен-Кантен-ан-Ивлина[1]. Национальностей остальных тридцати трех я сейчас не припомню. Я и имен-то их уже не назову.

Когда я съехался с Фанни, у Мириам как раз был роман с Кико. С потенциальным гениальным режиссером.

Сначала мы редко виделись. Время от времени они заявлялись к нам ужинать, и Кико всегда приносил бутылку вина. Всегда очень хорошего. (Еще бы — кроме выбора вина ему все равно больше нечем было заняться!)

Кико мне нравился. Он томно смотрел на мою сестру и, качая головой, подливал себе вина. Вот только курил он всякую дрянь, и после его визитов я был вынужден опрыскивать все комнаты освежителем воздуха с ароматом жимолости.

Шли месяцы, Мириам навещала нас с Фанни все чаще и практически всегда одна. Сестры закрывались в спальне Фанни, и я полночи слушал, как они там хихикают. Как-то вечером я зашел к ним спросить, не хотят ли они травяного чая или еще чего-нибудь, и увидел, что они лежат на полу и слушают свою любимую старую запись Жан-Жака Голдмана: «Рааааз ууж ты уеззжжааешь... дабадабада».

Очень трогательно. Даже возвышенно.

---

[1] Городок в пригороде Парижа, между Версалем и Рамбуйе.

Иногда Мириам уходила ночевать к себе. Иногда оставалась.

В металлическом стаканчике в нашей ванной появилась третья зубная щетка, а диван-кровать в гостиной часто раскладывали на ночь для Мириам.

А потом пришел день, когда она сообщила нам, кивнув на телефон:

— Если это Кико... меня нет...

А потом, а потом, а потом... Как-то утром за завтраком она спросила меня:

— Не возражаешь, если я какое-то время поживу у вас?.. Разумеется, я буду участвовать в расходах на хозяйство...

Я едва не утопил мое печенье в чашке с какао — чего я терпеть не могу — и ответил:

— Ну конечно, дорогая.
— Здорово. Спасибо.
— Вот только...
— Что?
— Курить будешь на балконе...

Она улыбнулась в ответ и отвесила мне глубокий поклон.

И тут мое печенье, ясное дело, таки упало в чашку, я пробормотал себе под нос: «Ну вот, началось...», попытался выловить его кусочки из какао, но в принципе не сильно расстроился.

* * *

И все-таки я обдумывал новость целый день и вечером расставил все точки над i: квартплату делим на всех, магазины, готовка и уборка — по графику. «Кстати, девочки, обратите внимание — на дверце холодильника висит календарь, размеченный по неделям: дежурства Фанни

— розовым маркером, Мириам — синим, мои — желтым... И уж будьте добры, предупреждайте заранее, если собираетесь ужинать не дома или, наоборот, приглашаете гостей. Кстати, о гостях: если кто-то из вас приводит мужчину, с которым собирается переспать, то относительно спальни договаривайтесь между собой...»

— Эй, да ладно тебе... не возбуждайся... — ответила Мириам.

— И правда... — поддержала ее сестра.

— А как насчет тебя? Уж будь так любезен: захочешь встретиться здесь с подружкой, предупреждай! Чтобы мы успели убрать с виду наши чулки в резиночку и презервативы...

И они захихикали, как две дурочки.

Беда с ними да и только.

Впрочем, получалось у нас неплохо. Призна́юсь, я не очень-то верил в успех предприятия, но ошибся... Если женщины чего-то хотят, все, как правило, получается. Без проблем.

Сейчас я понимаю, как важен оказался для Фанни переезд к нам Мириам.

Она полная противоположность своей сестры, она романтичная и верная. А еще — чувствительная.

Фанни всегда влюбляется в мужиков для нее недоступных, которые живут где-нибудь у черта на рогах. С тех пор как ей исполнилось пятнадцать, Фанни по утрам караулит почту и вздрагивает от каждого телефонного звонка.

Это не жизнь.

Был у Фанни Фабрис, живший в Лилле (а она — в Тюлле!). Он засыпал ее страстными письмами, в которых только и писал что о себе любимом! Четыре года неудовлетворенной юношеской любви.

Потом был Поль – он уехал в Буркина-Фасо работать «врачом без границ». Благодаря Полю Фанни выбрала себе профессию, возненавидела почту – за ее медлительность – и выплакала все слезы... То были пять лет весьма экзотической неудовлетворенной любви.

То, что происходит в жизни Фанни сейчас, – это полный «абзац»: по обрывкам ночных бесед моих сестер, которые мне удалось уловить, и по некоторым намекам, сделанным за столом, я понял, что Фанни влюблена в одного женатого врача.

Я слышал, как Мириам спросила Фанни, чистя в ванной зубы:

— У него ешть дети?

Думаю, моя младшая сестра в этот момент сидела на крышке унитаза.

— Нет.

— Так лушше, потому што... *(тут Мириам сплюнула)* дети – это слишком хлопотно, понимаешь. Во всяком случае, я не смогла бы.

Фанни ничего не ответила, но я уверен: в этот момент она покусывала кончики своих волос, разглядывая коврик на полу или пальцы ног.

— Можно подумать, ты их специально выискиваешь...

— ...

— Ты уже достала нас своими нелепыми мужиками. К тому же все врачи – зануды. Скоро он станет играть в гольф и будет безвылазно торчать на конгрессах где-нибудь то в Марракеше, то еще где, а ты вечно будешь сидеть одна...

— ...

— И учти, я нарисовала тебе сейчас твое гипотетическое будущее... но это на тот случай, если у вас все получится, а кто нам гарантирует, что так и будет?.. Ведь та, другая, свой кусок добровольно не отдаст, не расстанется с марокканским загаром — ей же надо, чтобы жену дантиста из «Ротари» перекашивало от зависти.

Фанни, должно быть, улыбается — это слышно по ее голосу. Она бормочет в ответ:

— Наверное, ты права...

— Конечно, я права!

Шесть месяцев преступной несчастной любви. (Возможно.)

— Пойдем со мной в галерею Делоне в субботу вечером — я знакома с устроителем вернисажа, там будет весело. И потом, я уверена: там будет Марк... Мне просто необходимо вас познакомить! Вот увидишь, он классный мужик! А какая у него задница!

— Фффу, какой вздор... А что за выставка?

— Не помню. Передай, пжста, полотенце!

Мириам часто вносила разнообразие в нашу повседневную жизнь, покупая хорошее вино и всякие вкусности у Фошона. А еще она придумала себе новое занятие: перелопатив и «переварив» кучу книг и журналов о принцессе Диане (невозможно было пройти по гостиной, не наступив на усопшую!), она мастерски научилась ее изображать. По уикендам она устраивалась с этюдником на мосту Альма и рисовала безутешных поклонниц Дианы со всех концов света рядом с их кумиром.

За умопомрачительную сумму денег («глупость всегда дорого стоит») какая-нибудь японская туристка могла попросить мою сестру изобразить ее рядом с улыбающейся леди Ди (на школьном празднике принца Гарри), с плачущей леди Ди (навещающей больных СПИДом в Белфасте), с сочувствующей леди Ди (в палате умирающих от СПИДа в Ливерпуле) и даже рука об руку с нахмурившейся леди Ди (на праздновании пятидесятилетия открытия Второго фронта).

Что ж, снимаю шляпу и иду открывать вино.

Да, все у нас было хорошо. Мы с Фанни не сказать чтобы стали больше разговаривать, но смеялись чаще. Мириам не утихомиривалась, но она много рисовала. Для моих сестер я был идеальным мужчиной, но не таким, за какого они хотели бы выйти замуж.

Я не переживал по этому поводу, только пожимал плечами, следя за пирогом в духовке!

* * *

Итак, возмутителем нашего спокойствия стал комплект женского шелкового белья.

Прощайте, посиделки на диванчике в гостиной, когда я, умиленно вздыхая, молча смотрел на своих сестер. Не будет больше коктейлей, приготовленных Фанни по ее фирменному рецепту «Врачи на дежурстве», от которых кишки завязываются бантиком, а в памяти всплывают почему-то самые грязные анекдоты. Покончено с перебранками:

— Да вспомни же, черт бы тебя побрал! Это важно! Лилиан или Тристан???

— Откуда я знаю! У твоего парня проблемы с дикцией.

— Быть того не может! Ты что, нарочно, да? Напрягись и вспомни, давай!

— *«Могу я поговорить с Мириам? Это Лтфргазян»*. Устраивает?

И Мириам, хлопнув дверью, отправляется на кухню.

— Было бы очень мило с твоей стороны, если бы ты пощадила холодильник...

ХРЯСЬ.

— ...и дала бы этому своему... адрес хорошего логопеда...

— Ах ты, чертяберигад!

— И сама сходи туда же, не помешает.

ХРЯСЬ.

Не будет больше примирений за столом под моего знаменитого фирменного цыпленка («Ну что?.. Неужели здесь, с нами, тебе не лучше, чем с твоим Лтфргазяном?»).

Прощайте, недели, раскрашенные разными цветами, походы на рынок в субботу по утрам, валяющиеся в туалете номера Gala, открытые на странице с гороскопом, художники всех мастей, объясняющие нам, в чем прелесть тряпок Болтански, бессонные ночи, ксерокопии лекций Фанни, нервотрепка экзаменационных сессий, склоки с соседкой снизу, песни Джеффа Бакли, воскресное чтение комиксов на ковре, поедание конфет перед экраном телевизора и доводящий меня до исступления вечно не закрытый тюбик зубной пасты.

Прощай, моя молодость.

* * *

Мы устроили праздничный ужин, чтобы отметить окончание сессии Фанни. Для нее забрезжил наконец свет в конце тоннеля...

— Господи! Больше десяти лет... — повторяла она с улыбкой.

За низким столом сидели ее интерн (этот трус — напоминаю: будущий гольфист и любитель Марокко — конечно, снял обручальное кольцо!), подружки Фанни по больнице, в том числе знаменитая Лора — насчет нас с ней мои сестры вынашивали множество далекоидущих планов — на том основании, что она однажды якобы говорила обо мне с придыханием в голосе (да уж, никогда не забуду свидание-сюрприз, которое они мне устроили на Лорин день рождения, когда я оказался один на один с этой фурией и весь вечер, уворачиваясь от жадных ручонок, искал в козлиной шкуре, служившей ей ковром, ее контактные линзы...

Был приглашен и Марк (я хоть узнал, что такое «классная задница»... кстати, ничего особенного...).

Пришли также какие-то приятели Мириам, которых я раньше в глаза не видел.

Глядя на них, я задавался вопросом, где моя сестричка их только откапывает — странных мужиков, покрытых татуировками с головы до ног, и девиц на немыслимых каблуках, которые хохочут по любому поводу, тряся тем, что заменяет им прически.

Сестры сказали мне:

— Приведи коллег, если хочешь... Ты никогда никого нам не показываешь...

«И правильно делаю, дорогие мои... — думал я чуть позже тем же вечером, любуясь этими представителями животного и растительного мира, поедающими арахис на моем диванчике «Синна», который мама подарила мне в честь получения диплома бухгалтера, — ох как правильно...»

Время уже было позднее, и мы все прилично набрались, когда Мириам, которая пошла ко мне в комнату за ароматической свечой, вернулась, хихикая и кудахча, как возбужденная индейка, с лифчиком Сары Брио, который она держала двумя пальчиками.

Боже правый...
В тот вечер меня «отделали» по полной программе.
— Эй, что это такое? Слушай, Оливье, а ты знаешь, что у тебя в спальне куча барахла из секс-шопа?.. Всем парижским мужикам на зависть! Только не говори, что ты здесь ни при чем!

И тут Мириам понесло.
Она выдрючивалась, пародировала танец стриптизерши, обнюхивала трусики и падала навзничь.
Она вошла в раж.
Остальные умирали со смеху. Даже чемпион по гольфу.
— Ладно. Довольно. Дай мне это.
— А для кого *это*? Нееет, ты сначала скажи, для кого ты это купил?.. Поддержите меня, ребята!

И тут все эти придурки принялись свистеть, стучать по зубам стаканами и громить мою гостиную!
— Нет, ты видела, какие у нее сиськи!!! Постой, это ж по крайней мере 95 см!!! — вопит эта чокнутая Лора.
— Да уж, не соскучишься... — шепчет мне на ухо с кривой усмешкой Фанни.

Я встал. Взял ключи, куртку и вышел, хлопнув дверью.
ХРЯСЬ.

Я переночевал в отеле «Ибис» у Версальских ворот.
Нет, я не спал. Я размышлял.
Бо́льшую часть ночи я простоял, прислонившись лбом к стеклу и глядя на Выставочный комплекс.
Жалкое зрелище.

К утру я принял решение. У меня даже не было похмелья, и я весьма плотно позавтракал.

***

Я отправился на блошиный рынок.

Я очень редко трачу время на себя самого.

Я ощущал себя туристом, приехавшим в Париж. Бродил, засунув руки в карманы и благоухая лосьоном после бритья *Nina Ricci for Men* — фирменный знак сети «Ибис» повсюду в мире. Я мечтал, чтобы моя коллега случайно этак, ненароком столкнулась со мной где-нибудь на выходе из очередного ряда:

— Привет, Оливье!
— Привет, Сара!
— Оливье, как хорошо от тебя пахнет!
— Ах, Сара...

Я упивался солнцем, сидя за кружкой бочкового пива на террасе кафе «Дез'Ами».

16 июня, около полудня, чудесная погода, дивная жизнь.

Я купил у антиквара какую-то причудливую птичью клетку, всю в железных завитушках.

Парень утверждал, что это XIX век и что она принадлежала очень знатной семье, поскольку обнаружили ее — целой и невредимой — в частном особняке. И ля-ля-ля, и фа-фа-фа. Как будете платить, мсье?

Мне хотелось сказать ему: не трудись, старина, мне плевать.

Когда я вернулся, то уже на лестнице почуял «Мистера Мускула»: дом сиял чистотой.

Квартира вылизана до блеска. Ни пылинки. А на кухонном столе — букет цветов и записочка: «Мы в Ботаническом саду, до вечера. Целуем».

Я снял часы и положил их на тумбочку рядом с кроватью. Диоровский пакетик с подарком для Сары лежал в ящике — словно никогда его и не покидал.

Эх вы, мои дорогие...

Сегодня я приготовлю вам на ужин совершенно не-за-бы-ва-е-мо-го цыпленка!

Так, сначала выберем вино... ну и фартук надо бы, конечно, надеть. А на десерт — манный пудинг, истекающий ромом, — Фанни его обожает.

Не могу сказать, что мы душили друг друга в объятиях и качали головами, как делают янки. Они разве что мимолетно улыбнулись мне, переступив порог квартиры, и от их лиц повеяло разноцветьем Ботанического сада.

В кои-то веки мы не торопились убирать со стола. После вчерашнего загула никто не собирался выходить из дома, и Мими напоила нас в кухне чаем с мятой.

— Что это за клетка? — спросила Фанни.
— Купил сегодня утром на блошином рынке у парня, который клянется, что торгует только стариной. Тебе нравится?
— Да.
— Это мой вам подарок.
— Ух ты! Спасибо! Но в честь чего?
— За то, что мы чудо как тактичны и деликатны! — пошутила Мириам, направляясь на балкон с пачкой Craven в руках.

— На память обо мне. Будете говорить: птичка улетела...
— Зачем ты так?
— Я ухожу, девочки.
— Куда?!
— Буду жить в другом месте.
— С кем?!
— Один.
— Но почему? Это из-за вчерашнего?.. Слушай, прости меня, я слишком много выпила и...
— Нет-нет, не волнуйся. К тебе это не имеет никакого отношения.

Фанни выглядела совершенно ошеломленной, и мне было нелегко посмотреть ей в лицо.
— Мы тебе надоели?
— Да нет, дело не в этом.
— А что тогда?
Я почувствовал слезы в ее голосе.
Мириам стояла между столом и окном, с губы печально свисала сигаретка.
— Оливье, братец, что происходит?
— Я влюбился.

«А сразу ты сказать не мог, кретин несчастный?»
«А почему ты нам ее не представил? Ты что, боялся, что она увидит нас и сбежит? Плохо же ты нас знаешь... Нет? Ты слишком хорошо нас знаешь? Вот как...»
«И как же ее зовут?»
«Она хорошенькая? Да? Вот черт...»
«Что-о-о? Ты и двух слов с ней не сказал?! Да ты что, совсем сдурел, братец?! Видимо, да».
«Да нет, ты не идиот, ты хуже.

Ты еще даже не разговаривал с девушкой, но уже переезжаешь из-за нее? Тебе не кажется, что ты ставишь телегу впереди лошади? Ага, ставишь где можешь... это сильно... с этим не поспоришь...»

«И когда же ты собираешься с ней объясниться? Когда-нибудь? О да, я вижу, ты сильно продвинулся... А как у нее с чувством юмора? Тем лучше, тем лучше».

«Ты действительно ее любишь? Не хочешь отвечать? Мы небе надоели?»

«Скажи, и мы сразу отстанем».

«А ты пригласишь нас на свадьбу? Только если мы пообещаем хорошо себя вести?»

«Кто же станет утешать теперь мое разбитое сердце?»

«А кто будет гонять меня по конспектам?»

«Кто будет с нами шептаться?»

«Она действительно хорошенькая, ты не врешь?»

«Ты будешь готовить для нее своего фирменного цыпленка?»

«Знаешь, нам правда будет тебя не хватать...»

* * *

Я удивился, как мало вещей мне пришлось перевозить. Я заказал грузовое такси, и нам хватило одной ездки.

Я не знал, радоваться ли этому обстоятельству — «Ну вот, старина, материальные блага для тебя не так уж важны!» — или расстроиться — «Мужику скоро тридцать стукнет, а всего имущества — одиннадцать коробок... Не слишком много, да?»

Перед уходом я присел на стул в кухне — на дорожку.

***

Первые две недели я спал на матрасе, брошенном прямо на пол. Прочитал в каком-то журнале, будто это очень полезно для спины.

Через семнадцать дней я отправился в «ИКЕА»: спина болела ужасно.

Я замучился, вычерчивая на бумаге в клеточку планы расстановки мебели.

Продавщица признала, что я прав: в такой «скромной» квартире и с такой ужасной планировкой (словно я снял три коридорчика, ей-богу!) лучшее решение — диван-кровать.

А самый дешевый из всех — диван-«книжка» с системой «клик-клак».

Что ж, ладно, пусть будет «клик-клак».

Еще я купил кухонную утварь (шестьдесят пять предметов за 399 франков, в том числе терку для сыра), свечи (мало ли что может случиться...), плед (мне показалось, что это очень стильно), лампу, коврик (очень предусмотрительно), этажерки (по необходимости), цветок в горшке (там будет видно...) и еще кучу всякой ерунды (магазин к этому располагает).

***

На автоответчике я стал регулярно натыкаться на сообщения от Мириам и Фанни.

Биип. «Как включить плиту?» Биип. «Плиту мы включили, но теперь не знаем, как поменять пробки, потому что все вышибло...» Биип. «Мы бы, может, и последовали твоему совету, но не знаем, где фонарик...» Бииип. «Как вызвать пожарных?» Биип...

Думаю, они чуточку перебарщивали, но вскоре я, как и все, кто живет один, втянулся в эту игру и теперь даже жаждал, возвращаясь вечером домой, увидеть мигание красной лампочки автоответчика.

Думаю, все попадают в эту ловушку.

∗ ∗ ∗

Бывает, что темп вашей жизни странным образом внезапно ускоряется.

А я, когда теряю контроль над ситуацией, начинаю паниковать, как это ни глупо...

Что значит «потерять контроль над ситуацией»?

А вот что. Однажды утром Сара Брио входит в комнату, где вы в поте лица зарабатываете на хлеб, и садится на край вашего стола, поправляя юбку.

И говорит вам:

— Посмотри-ка, у тебя очки грязные...

Берет их и краешком своей розовой блузочки протирает вам стекла — как ни в чем не бывало.

И тут у вас встает — да так, что можно опрокинуть стол (ну конечно, если чуть-чуть потренироваться).

— Говорят, ты переехал?

— Да, пару недель назад.

(Уффф... можешь выдохнуть, все идет нормально...)

— И где ты теперь живешь?

— В десятом округе.

— Ну надо же, я тоже.

— Да ты что?!

— Вот здорово, будем вместе ездить на метро...

(Так оно всегда и начинается.)

— Ты не собираешься отпраздновать новоселье, ну знаешь, устроить вечеринку и все такое?

— Да-да, конечно, обязательно!

(Вот вам и первая новость.)

— Когда?

— Ну я еще не знаю... Мне только сегодня утром привезли остатки мебели, так что...

— А почему бы не сегодня вечером?

— Сегодня? Нет, это невозможно. У меня жуткий беспорядок и... И я никого не приглашал...

— Так пригласи меня, меня одну. Мне плевать на твой беспорядок, у меня самой не лучше!..

— Ну-у... ладно... как скажешь... Только давай тогда не слишком рано, ладно?

— Чудненько. Я успею зайти домой и переодеться... В девять подходит?

— В девять вечера, отлично.

— Ну все, тогда до скорого, да?..

Вот это я и называю «потерять контроль над ситуацией».

Я рано ушел с работы и впервые в жизни не навел порядок на столе, прежде чем погасить свет.

Внизу меня караулила консьержка.

— Они доставили вашу мебель, мсье, но так намучились с диваном... Это просто ужас какой-то — тащить такой гроб на седьмой этаж!

— Спасибо, мадам Родригес, благодарю вас. *(Я не забуду вас на Рождество...)*

Три маленьких коридорчика, напоминающие поле битвы... А что, в этом может быть своя прелесть...

* * *

Положить тараму в холодильник, разогреть цыпленка в вине на слабом огне, так... открыть бутылки, соорудить некое подобие стола, расставить приборы, пулей смотаться вниз, к арабу, за бумажными салфетками и бутылкой «Бадуа», засыпать кофе в кофеварку, принять душ, сбрызнуться одеколоном (Eau Sauvage), почистить уши, найти не слишком мятую рубашку, убавить свет, отключить телефон, поставить музыку (альбом «Пираты» Рикки Ли Джонса, под него все возможно... только не слишком громко), подоткнуть плед, зажечь свечи (как же без них!), вдохнуть, выдохнуть, не смотреть на себя в зеркало.

А презервативы? (В ящике ночного столика — это не слишком близко?.. а в ванной — это не слишком далеко?..)

Дзинь, дзинь.

Не прозвучит ли двусмысленно фраза: «Я держу ситуацию в руках»?

Сара Брио вошла в мой дом. Прекрасная, как день.

Чуть позже, вечером, когда мы вволю посмеялись, поужинали и пережили несколько мгновений, про которые говорят «Тихий ангел пролетел...», стало ясно: эту ночь Сара Брио проведет в моих объятиях.

Мне всегда было трудно принимать определенного рода решения, но теперь действительно наступил момент, когда следовало поставить стакан и начать действовать.

А я вел себя как полный идиот: вообразите, рядом с вами сидит жена кролика Роджера, а вы думаете о чем-то постороннем, например, как скопить побольше денег на покупку квартиры...

Она болтала бог знает о чем и поглядывала на меня искоса.

И вдруг... внезапно... я подумал об этом треклятом диване, на котором мы сидели.

Я стал терзаться вопросом, важным и неотложным: как же он раскладывается?

Я считал, что правильнее всего будет сначала долго и страстно целовать ее, а потом ловко опрокинуть на спину...

Да, но что потом... как быть с этим злосчастным диваном?

Я уже мысленно представлял себе, как — в полной тишине, весь на нервах — безуспешно пытаюсь справиться с механизмом, в то время как ее язык щекочет мне миндалины, а руки пытаются расстегнуть ремень...

Впрочем... ладно... кажется, пока опасаться нечего... Сара вроде как попыталась подавить зевок...

Тоже мне Дон Жуан. Позорище, да и только.

А потом я подумал о моих сестрах, и, вспомнив этих двух злючек, посмеялся в душе.

Вот уж кто поплясал бы на моих костях! Видели бы они меня сейчас: сижу нога к ноге с мисс Вселенной, а все мои мысли заняты механизмом трансформации диван-кровати из «ИКЕА».

И вот тут-то Сара Брио повернулась ко мне и сказала:

— Ты такой милый, когда улыбаешься.

И поцеловала меня.

В этот момент, держа на коленях 54 кило женственности, нежности и ласки, я закрыл глаза, откинул голову назад и мысленно от души поблагодарил: «Спасибо вам, девочки!»

ЭПИЛОГ

— Маргари-ита! Обедать скоро будем?
— Отстань.

С тех пор как я пишу рассказы, мой муженек завел моду звать меня Маргаритой[1], похлопывая пониже спины, и заливать в гостях, что он-де скоро бросит работу и будет жить на мои гонорары: «Я-то? Лучше всех! Представьте, денежки капают, а я езжу за детьми в школу на „ягуаре" последней модели. На меньшее не согласен... Ну, придется, конечно, время от времени массировать ей плечи и терпеть творческие кризисы, не без этого... Тачку-то? Темно-зеленую куплю».

И так далее в том же духе, пудрит всем мозги, а люди не знают, что и думать.

Спрашивают меня таким тоном, будто речь идет о дурной болезни: «Это правда? Ты пишешь?»

Я пожимаю плечами и показываю хозяину дома пустую рюмку. И бормочу: «Да нет, ерунда какая, даже не о чем говорить». Но этот обалдуй, за которого я когда-то

---
[1] Очевидно, имеется в виду французская писательница Маргерит Дюрас.

имела глупость выйти замуж, не унимается: «Как?.. Она что, вам не сказала? Лапуся, ты не сказала, какую премию срубила в Сен-Кантене[1]? Ого! Десять тысяч, не хухры-мухры!!! Два вечера за компьютером, купленным за пятьсот франков на благотворительной распродаже, и — бац! — десять тысяч! Плохо ли? Обо всех остальных ее премиях я уж молчу... не будем зазнаваться, да, лапусик?»

В такие вот минуты мне хочется его убить.

Но я этого не сделаю.

Во-первых, потому, что в моем благоверном весу восемьдесят два кило (он говорит, что восемьдесят, но это кокетство), а во-вторых, он прав.

Он прав. Куда меня занесет, если я всерьез поверю в свое писательство?

Брошу работу? Выскажу наконец все, что думаю, сослуживице Мишлин? Куплю себе изящную тетрадочку, чтобы делать записи на будущее? Почувствую себя такой одинокой, такой далекой-близкой, такой непохожей? Отправлюсь вдохновляться на могилу Шатобриана? Скажу мужу: «Нет, милый, не сегодня, пожалуйста, у меня голова не тем занята»? Забуду забрать детей из садика, дописывая главу?

Детей в садике начиная с половины шестого надо видеть. Когда вы звоните, вся орава кидается к двери, сердечки бьются, того, кто первым добежит, естественно, постигает разочарование: это не за ним, как обидно (губки кривятся, плечики опущены, любимый плюшевый мишка падает на пол), но уже в следующую секунду он оборачивается к вашему сыну (который стоит прямо за ним) и вопит: «ЛУИ, ТВОЯ МАМА ПРИШЛА!!!» И вы слышите: «Угу... шам жнаю».

---

[1] Одна из многочисленных литературных премий Франции — премия города Сен-Кантена, составляющая 10 000 франков.

***

А Маргарита уже на пределе — сколько можно с собой-то лукавить?

Она хочет ясности. Уж если не миновать вояжа в Комбур[1], лучше узнать все сразу.

Она отобрала несколько рассказов (две бессонные ночи), распечатала их на своем допотопном монстре (три с лишним часа ушло на сто тридцать четыре страницы!) и, прижав листки к сердцу, отправилась в магазинчик рядом с юридическим факультетом, где снимают ксерокопии. Отстояла очередь с шумными студентами, поглядывавшими на нее свысока (какой же старой и зачуханной чувствовала себя бедная Маргарита!).

Продавщица спросила:
— Переплет делаем белый или черный?
Ну вот, опять ее поставили в тупик (белый — символ непорочности, как-то глупо... Черный — чересчур официально, словно докторская диссертация... вот ведь незадача).

Девушка начинает нервничать:
— Это у вас вообще что?
— Рассказы...
— Про что рассказы? Кому?
— Ну просто рассказы, понимаете? Написанные... Чтобы послать издателю...
— А-а?.. Ага... Ну так переплет все-таки какой хотите?
— На-ваше-усмотрение-я-вам-доверяю (alea jacta est[2]).

---
[1] Замок, где провел юность Шатобриан.
[2] Жребий брошен *(лат.)*.

— Ладно, тогда сделаю вам бирюзовый, у нас сейчас на него скидка — тридцать франков вместо тридцати пяти... (Бирюзовая папочка на роскошном столе известного издателя с Левого берега... фу-ты-ну-ты!)

— Хорошо, давайте бирюзовый (не противься Судьбе, детка).

Благодетельница поднимает наконец крышку своего здоровенного Rank Xerox и равнодушно, будто это какие-нибудь конспекты по гражданскому праву, сует туда листки. И вот уже аккуратная стопочка распатронена, уголки загибаются...

Удел артиста — страдать молча.

Выбивая чек, девица затягивается дотлевающей сигаретой и вскользь интересуется:

— И про что же там у вас?
— Про все.
— А-а.
— ...
— ...
— В основном про любовь.
— А-а?

Она купила роскошный конверт из плотной коричневой бумаги. Самый прочный, самый красивый, самый дорогой, с твердыми уголками и надежнейшим клапаном. «Роллс-ройс» среди конвертов.

Она пошла на почту, выбрала марки — коллекционные, самые красивые, с репродукциями картин лучших художников современности. Лизнула их с нежностью, наклеила не абы как, ровненько, потом поворожила над конвертом, поплевала через плечо, перекрестила его и пошептала, а какие слова — это ее секрет.

И вот она стоит у ящика с надписью «Только для Парижа и пригородов», в последний раз целует свое сокровище и, отвернувшись, выпускает его из рук.

Прямо напротив почты есть бар. Она заходит, облокотившись на стойку, заказывает кальвадос. Вообще-то, гадость изрядная, но пора создавать имидж творческой натуры. Она закуривает и с этой самой минуты — начинает ждать.

* * *

Я никому ничего не сказала.

— Слушай, зачем ты повесила на шею ключ от почтового ящика?

— Просто так.

— Слушай, зачем ты тащишь в дом столько рекламы маргарина?

— Просто так.

— Слушай, зачем ты взяла сумку почтальона?

— Просто так!!!

— Постой-ка... ты что, влюбилась в него, признавайся?!

Нет. Не призналась и не признаюсь. А что я, спрашивается, могла сказать? «Я жду ответа от издателя»? Со стыда сгореть можно.

И все-таки... с ума сойти, сколько рекламы кидают в почтовый ящик, просто черт знает что.

* * *

Но надо работать, надо терпеть Мишлин с ее накладными ногтями, которые все время отклеиваются, надо пересадить герань, купить диснеевские мультики, поиграть в железную дорогу, сходить к педиатру — первый визит после лета, да еще у собаки лезет шерсть, да еще Eureka Street[1], уж если соизмерять несоизмеримое, и кино, и друзья, и родственники, и еще всякие потрясения (хотя с Eureka Street их, конечно, не сравнить).

Наша Маргарита смирилась, окуклилась, впала в зимнюю спячку.

***

Три месяца спустя.
АЛЛИЛУЙЯ!
АЛЛИЛУЙЯ! АЛ-ЛИ-ЛУ-ЙЯ!

Оно пришло.
Письмо.
Совсем легкое.
Я прячу его под свитер и зову Кики гулять:
— Ки-и-и-ки-и-и-и!
Я прочту его без посторонних, в тишине и уединении близлежащей рощицы, где гадят все окрестные собаки. (Заметьте, даже в подобные минуты я сохраняю трезвость мысли.)

«Мадам, та-та-та, с большим интересом, та-та-та, хотелось бы, та-та-та, встретиться лично, та-та-та, свяжитесь, пожалуйста, с моей секретаршей, та-та-та, буду рад познакомиться, та-та-та, с уважением, та-та-та...»

Я блаженствую.
Блаженствую.

---

[1] Телесериал.

Блаженствую.
Час мести для Маргариты пробил.

— Дорого-ой! Обедать скоро будем?
— ??? Почему ты меня спрашиваешь? Что случилось?
— Да ничего, просто, когда мне теперь стоять у плиты, пойдут письма от поклонников моего творчества, изволь всем отвечать, да еще фестивали, салоны, книжные ярмарки... поездки по Франции и за рубеж... О-ля-ля! Боже, боже! Кстати, пора наведаться к маникюрше, а то, знаешь... очень важно иметь ухоженные руки, когда раздаешь автографы... Ты не представляешь, какую это дает пищу для сплетен...
— Что ты несешь?

Маргарита «небрежно» роняет письмо от крутого издателя с Левого берега на внушительный животик супруга, изучающего объявления в «Авто плюс».
— Постой, слушай! Ты куда?
— Я ненадолго. Только скажу два слова Мишлин. Приведи себя в порядок, вечером пойдем прожигать жизнь в «Черном орле».
— В «Черном орле»?!
— А что? Думаю, именно туда Маргерит повела бы своего Яна[1]...
— Какого еще Яна?
— Пфф, ладно, проехали... Ты ничего не смыслишь в литературе.

---

[1] Маргерит Дюрас последние годы жизни прожила с молодым писателем Яном Андреа. После ее смерти он написал об этом книгу «Такая любовь», по ней был снят фильм, в котором роль Маргерит Дюрас сыграла Жанна Моро.

***

Итак, я связалась с секретаршей. Она мне понравилась, потому что была со мной более чем мила.

Может быть, перед глазами у девушки приклеен розовый листочек-памятка: «Если позвонит А.Г., быть с ней ОЧЕНЬ милой» — дважды подчеркнуто?

Все может быть...

Ах, ласточки, они думают, что я послала свои рассказы не только им... Боятся, что их опередят. Что найдется издатель еще круче, с офисом на Левом берегу еще шикарнее, у которого на телефоне сидит секретарша еще милее, с попкой еще аппетитнее.

О нет, это было бы слишком несправедливо по отношению к ним!

Представляешь, какая будет катастрофа, если мой опус выйдет под другой обложкой только потому, что у девушки не было перед глазами розовой бумажки-памятки!

И подумать страшно.

Мне назначено через неделю.

(Ничего, мы дольше ждали.)

Улажены всякие мелочи: отпроситься на полдня с работы (Мишлин, завтра меня не будет!), пристроить детей, и не абы куда, а туда, где им будет хорошо, поставить в известность любимого мужчину:

— Завтра я еду в Париж.
— Зачем?
— По делам.
— Романтическое свидание?
— Вроде того.
— Кто же он?
— Почтальон.

— А-а! Я давно подозревал...

...И встает единственно важный вопрос: что же надеть?

В стиле будущей великой писательницы и без всяких изысков? Потому что настоящая жизнь не здесь? Не любите меня за большие сиськи, полюбите за бессмертную душу.

В стиле будущей выпекальщицы бестселлеров и непременно с химической завивкой? Потому что настоящая жизнь именно здесь? Не любите меня за талант, полюбите за производительность.

В стиле пожирательницы шикарных мужчин с Левого берега, желающей приступить к трапезе немедленно? Потому что настоящая жизнь — вот она, на вашем столе? Не любите меня за рукопись, полюбите за мою сущность.

Ну-ну, Атала, остынь.

Все-таки у меня сильный стресс, оно и понятно, хотя сегодня явно не тот день, чтобы показывать ножки и терять на ковре чулки. Этот день, несомненно, самый важный в моей скромной жизни, так неужели я все испорчу неотразимым, но совершенно неудобным нарядом?

(О да, мини-мини-юбка — отнюдь не самая удобная одежда!)

Я надену джинсы. Решено. Мои старенькие «501» с десятилетним стажем: потертые швы, stone washed, медные заклепки и красный лейбл на правой ягодице, давно принявшие мои формы и впитавшие мой запах. Старый друг лучше новых двух.

Но мне чуточку жаль шикарного и элегантного мужчину, который теребит сейчас своими изящными руками мое будущее (издаст? не издаст?), надо признать, джинсы — это все-таки удар ниже пояса.

О-ох! Вот ведь не было заботы...

Ладно, решено. Иду в джинсах, зато в отпадном белье.

Но его же никто не увидит, скажете вы. Ну уж, это вы бросьте, невозможно достичь Высочайшего Положения Издателя, не обладая особым даром распознавать роскошное белье даже там, где его быть не должно.

Не-ет, такой мужчина видит насквозь.

Он сразу отличит визитершу в хлопчатобумажных панталонах до пупа или в застиранных розовых трусиках из супермаркета от той, что носит легкомысленные штучки, заставляющие краснеть женщин (которые за ценой не постояли) и розоветь мужчин (которые за ценой не постоят).

Конечно же, он все видит.

И уж я, смею сказать, оторвалась по полной программе (оторвав два чека от чековой книжки). Я купила комплект: трусики и бюстгальтер — нечто умопомрачительное.

О боже...

Марка — супер, материя — супер, фасон — супер, все из шелка цвета слоновой кости, с кружавчиками ручной работы, произведение искусства трудолюбивых французских кружевниц, нежный, изящный, оригинальный, из тех вещиц, что тают во рту, а не в руках.

Судьба, я готова, встречай.

Глядя в зеркало (черт возьми, в этих бутиках какое-то особенное освещение, при нем вы выглядите стройной и загорелой, наверно, это те же галогеновые лампы, что светят над дохлыми рыбами в супермаркетах для богатых), я сказала себе, впервые с тех пор, как родилась на свет Маргарита:

«Ну что ж, мне совсем не жаль потраченного времени, когда я грызла ногти и покрывалась экземой перед крошечным экраном моего компьютера. Ни капельки! Выматывающая борьба с мандражом и комплексами, мозг, кажется, весь покрылся струпьями, все, что я потеряла или забыла, потому как голова была занята, например, „Диван-кроватью"... Я ни о чем не жалею...»

Цену я вам не скажу, это будет, знаете ли, *политкорректно*, учитывая бридж моего благоверного, страховку за машину, налоги и прочее, а то, боюсь, меня не поймут, но знайте, это нечто несусветное, а, учитывая вес моей покупки, говорить о цене за килограмм не приходится.

Но, в конце концов, ничто не дается даром, мухи не летят на уксус, а чтобы увидеть свой труд напечатанным, можно чем-то и поступиться, верно?

* * *

Итак, прибыли. Вот он, шестой округ Парижа.

Квартал, где писатели встречаются чаще, чем контролеры автостоянок. Средоточие жизни.

У меня мандраж.

Крутит желудок, колет печень, гудят ноги, прошиб пот, а трусики за ... франков больно врезались в попу.

Та еще картина.

Я заблудилась, таблички с названием улицы нигде нет, куда ни пойду, всюду сплошные галереи африканского искусства, а все африканские маски на одно лицо. Начинаю тихо ненавидеть Африку со всем ее искусством.

Наконец – слава богу! – нашла.

Меня просят подождать.

Кажется, я сейчас хлопнусь в обморок. Стараюсь дышать, как учили перед родами. Ну все... все... успокоились...

Сиди прямо. Смотри в оба. Когда-нибудь может пригодиться. Вдох. Выдох.
— Вам нехорошо?
— Э-э... нет-нет... все в порядке.
— У *Него* сейчас переговоры, но вы не беспокойтесь, Он скоро освободится...
— ...
— Хотите кофе?
— Нет. Спасибо. (Слушай, детка, ты что, не видишь, что меня сейчас стошнит? Помоги мне, детка, сделай что-нибудь, ну же, пощечину, ведерко, тазик, но-шпу, стакан кока-колы похолоднее... что-нибудь. Умоляю.)

Улыбка. Она выдает мне улыбку.

* * *

Так вот что это было на самом деле. Любопытство. Только и всего.

Он просто хотел на меня посмотреть. Увидеть, как я выгляжу. Узнать, на что это похоже.

И все.

Как прошла беседа — рассказывать не буду. В данный момент я лечусь от экземы практически чистым дегтем и, глядя, во что уже превратилась моя когда-то белая ванная, думаю, не стоит подливать масла в огонь. Так что беседу опускаю.

Ну ладно, вот вам несколько деталей: в какой-то момент кот (кому нужны подробности, отсылаю к Люциферу в «Золушке»), наблюдавший, как дергается мышка в его когтистых лапках, от души потешавшийся над ней — «До чего же она все-таки провинциальна...» — и никуда не спешивший, выдал следующее:

— Послушайте, не стану скрывать, в вашей рукописи есть кое-что небезынтересное и даже *определенный* стиль, но *(следуют пространные рассуждения о пишущих людях вообще и о тяжкой доле издателя в частности)*... При нынешнем положении вещей мы не имеем возможности, по причинам, надеюсь, вполне вам понятным, опубликовать ваши рассказы. Однако я намерен пристально следить за вашей дальнейшей работой и обещаю с большим вниманием читать все ваши новые произведения. Вот.

Вот.

Сукин сын.

Я так и села. Разумеется, я и так сидела, но другого слова не подобрать.

Он встает (величаво и непринужденно), идет ко мне, хочет пожать мне руку... Не встретив никакой ответной реакции, хочет подать мне руку... Не встретив никакой ответной реакции, хочет взять меня за руку... Не встретив никакой...

— Что с вами? Полноте... не надо унывать, это, скажу вам, большая редкость, если первую же рукопись принимают к печати. Я, знаете ли, верю в вас. Я чувствую: нам с вами еще предстоят большие дела. Более того, скажу вам по секрету, я очень на вас *рассчитываю*.

Не гони колесницу, Бен-Гур. Ты что, не видишь — меня заклинило?

— Послушайте, мне очень жаль. Не знаю, что со мной, но я не могу встать. Просто нет сил. Ужасно глупо.

— С вами часто такое бывает?
— Нет, в первый раз.
— Болит что-нибудь?
— Нет. То есть да, немного, но дело не в этом.
— Попробуйте пошевелить пальцами.
— Не получается.
— Вы уверены???
— Ну... да.

Мы долго смотрим друг на друга, будто играем в «кто кого переглядит».

— *(Нервно.)* Вы это нарочно?
— *(Очень нервно.)* Конечно, нет, скажете тоже!
— Может, позвать врача?
— Нет-нет, не стоит, сейчас пройдет.
— Я все понимаю, но дело в том, что у меня сегодня еще встречи... Вам нельзя здесь оставаться.
— ...
— Попытайтесь еще раз...
— Никак.
— Да что же это такое?
— Понятия не имею... Откуда я могу знать?.. Может, приступ артроза, а может, следствие сильного потрясения.

— А если я скажу: «Ладно, уговорили, я вас опубликую»... вы встанете?

— Ну конечно, нет. За кого вы меня принимаете? Я что, похожа на дуру?

— Нет, вы не поняли... если я правда вас опубликую?

— Во-первых, я вам не поверю... Послушайте, я вовсе не пытаюсь вас разжалобить, я парализована, вы в состоянии понять разницу?

— *(Потирая лицо изящными руками.)* Ну почему это случилось именно со мной?.. Господи...

— ...

— *(Поглядывая на часы.)* Послушайте, надо что-то делать, мне нужен мой кабинет...

И вот он выталкивает меня в коридор, как калеку в инвалидном кресле, с той лишь разницей, что у моего кресла нет колес, и, надо думать, для него эта разница оказывается весьма существенной... Я всегда любила хорошо покушать.

Так тебе и надо, дружище. Так и надо.

* * *

— А теперь хотите кофе?
— Да. С удовольствием. Очень мило с вашей стороны.
— Может быть, все-таки позвать врача?
— Нет, нет. Спасибо. Само пройдет.
— Вы слишком напряжены.
— Я знаю.

Не было никакой розовой бумажки-памятки на телефоне секретарши. Она была мила со мной просто потому, что она *вообще* милая девушка.

Пожалуй, все не так уж и плохо.

В самом деле, не часто выпадает случай несколько часов подряд смотреть на такую девушку, как она.

Мне нравится ее голос.

Время от времени она кивает мне, чтобы я не чувствовала себя брошенной.

А потом замолкли компьютеры, включились автоответчики, погасли лампы, и офис опустел.

Сотрудники уходили один за другим, и все думали, что я сижу, потому что мне назначено. Ха-ха!

Наконец и Синяя Борода покинул свое логово, отсыревшее от слез графоманов.

— Вы все еще здесь??!

— ...

— Ну и что прикажете с вами делать?

— Не знаю.

— Зато я знаю. Я вызову «скорую» или службу спасения, и через пять минут духу вашего здесь не будет! Не собираетесь же вы, в самом деле, тут заночевать?

— Пожалуйста, не надо никого вызывать... Сейчас отпустит, я чувствую...

— Рад за вас, но я должен запереть дверь, это вы можете понять?

— Вынесите меня на улицу.

Понятное дело, он не сам меня выносил, позвал курьеров. Два рослых красивых парня в татуировках сыграли роль носильщиков для моего портшеза.

Они взялись с обеих сторон за подлокотники и в два счета снесли меня вниз.

Ну до чего же славные ребята.

Мой несостоявшийся издатель, этот образчик деликатности, который *рассчитывает* на меня в будущем, галантно раскланялся со мной на прощание.

Удаляясь, он несколько раз оборачивался и качал головой, словно пытался проснуться от дурного сна: видно, так до конца и не поверил в мой паралич.

По крайней мере, ему будет что рассказать за ужином.

Кто останется доволен, так это его жена. Сегодня ей не придется выслушивать жалобы на кризис в издательском деле.

* * *

Мне наконец стало хорошо.

Я смотрела, как официанты в ресторане напротив суетятся над накрахмаленными скатертями; они были безукоризненны (как стиль моих рассказов, думала я, посмеиваясь), особенно один, за которым я пристально наблюдала. Типичный *френч гарсон-де-кафе*, из тех, что вызывают расстройство гормональной системы у толстых американок, облаченных в Reebok.

Я с удовольствием выкурила сигаретку, далеко выдыхая дым и наблюдая за прохожими.

Это было почти счастье (если не считать счетчика автостоянки по соседству, от которого несло собачьей мочой).

Сколько времени я просидела так, переваривая свое фиаско?

Не знаю.

Ресторан постепенно заполнился, и я видела, как парочки за столиками на террасе смеются, попивая розовое вино.

И я невольно подумала:

«...может быть, в другой жизни мой издатель пригласил бы меня сюда пообедать — „здесь нам будет удобнее", — и рассмешил бы меня, и угостил вином получше, чем это „Кото-де-Прованс"... и упрашивал поскорее закончить роман, „на удивление зрелый для женщины вашего возраста", а потом под ручку проводил бы к стоянке такси. Он даже приударил бы за мной немножко...»

...В другой жизни наверняка так и было бы.

* * *

Ну что ж... жизнь не кончается, Маргарита, а меня, между прочим, дома ждет гора неглаженого белья...

Я легко вскочила на ноги, подтянула джинсы и направилась к восхитительного вида молодой женщине, сидевшей на цоколе памятника Огюсту Конту.

Вы только посмотрите на нее!

Красавица, сексапильная, породистая, безупречные ноги с тонкими лодыжками, вздернутый носик, выпуклый лоб, горделивая осанка амазонки.

Вся в шнурках и татуировках.

Губы и ногти покрашены черным.

Не девушка, а мечта.

Она то и дело с раздражением поглядывала на угол ближайшей улицы. Очевидно, ее дружок запаздывал.

Я протянула ей свои листки.

— Возьмите, — сказала я, — в подарок. Чтобы не так скучно было ждать.

Кажется, она поблагодарила, но я не уверена, потому что... она оказалась не француженкой! Эта маленькая деталь меня так расстроила, что первым побуждением было забрать назад свой чудесный дар, но... «Какая разница», — сказала я себе и ушла, в общем-то очень довольная.

Моя рукопись попала в руки самой красивой девушки на свете.

Это меня утешало.

Немножко.

Содержание

Некоторые особенности Сен-Жермен 7
Тест 19
Этот мужчина и эта женщина 31
«Опель» 34
Эмбер 44
Увольнительная 54
Происшествие 69
Кетгут 80
Девермон-младший 87
Сколько лет... 100
Диван-кровать 115
Эпилог 141

Анна Гавальда
Мне бы хотелось, чтоб меня кто-нибудь где-нибудь ждал
Новеллы

Права на издание приобретены при содействии А. Лестер

Составитель серии *Т. Позднева*
Редактор *К. Вепринцева*
Корректор *Т. Озерская*
Компьютерная верстка *И. Буслаева*

Художественное оформление серии:
«BoomBooks»

Холдинг «Городец»
ООО ИД «Флюид»
109382, Москва, ул. Краснодонская, д.20, корп. 2
тел./факс: (495) 351-5590, 351-5580
e-mail: fluid@gorodets.com